会社はどうあるべきか。

人はどう生きるべきか。

評伝

伊那食品工業株式会社

塚越寛

斉藤仁 著

JN193750

あさ出版

伊那食品工業株式会社　最高顧問・塚越寛は、どん底の会社を再建し、人々が幸福を享受できる理想的な会社を築き上げた。

その実現には多くの方々の援助、多くの社員の努力があった。

本書では、理想に向かって社員を牽引する塚越の考え方、行動を中心に描いているため、多くの功労者の詳細にページを割いていない。しかし伊那食品工業の成長には、そうした人々が塚越を支え、欠かせない存在だったことをここに明記しておく。

はじめに

中央自動車道を伊那インターチェンジ（長野県）で降り、田畑や林を沿道に見ながら15分ほど進むと、道路の両側に100本ほどの赤松が根を張る森林公園のような場所が出現する。

守衛のいない会社の正門があり、脇に伊那食品工業株式会社と書かれた大きなプレートが立っている。

この会社の社員は朝の通勤時、ここを右折して出社しない。

この道路は比較的交通量が多く、片側一車線の道路を右折しようとして対向車があった場合、あっという間に後続車が詰まり、渋滞を引き起こしてしまう。社員は正門を通り過ぎ、300メートルほど直進して左折し、農道に入り、左折を2回繰り返し、元の道路に戻る。そうして逆方向から正門に向かい左折して会社の敷地に入るのである。

なぜこんな面倒なことをするのか。それは「人に迷惑をかけない」という心づかい。しかし1分でも惜しい朝の慌ただしさの中で、これを欠かすことなく実行するのは、日頃から善人を自任している人でもなかなかできないことだろう。

伊那食品工業株式会社（以下／伊那食品工業）は、この習慣を社員全員が長年続けている。明文化されたルールは特にない。

「人に迷惑をかけてはいけない。人の役に立つ人間になろう」

小学校の道徳教科書に書かれているようなことを、この会社では当たり前のように実行している。

全社員に浸透させるのには長い年月がかかった。でも諦めなかった。

「会社はどうあるべきか。人はどう生きるべきか」――そんな模索を必死に続けてきたのが、伊那食品工業の事実上の創業者として、信じ難い会社の成長を実現した塚越寛最高顧問である。

塚越を評価する上で、わかりやすい事実がある。

トヨタ自動車株式会社（以下／トヨタ自動車）代表取締役会長・豊田章男氏が、「塚越寛氏は、私の経営の師である」と明言している。

2019年秋のトヨタ自動車の労使協議会の場においても、

「私に〝年輪経営〟（7ページ）を教えてくださった伊那食品工業の最高顧問の塚越さんはこういわれています。〝優しいという字は、にんべんに憂うと書く。だから優しさというのは、人への思いやりのことなんです。人を憂うことに秀でたと書くと、優秀という字

現在の伊那食品工業　かんてんぱぱガーデン（本社前の風景）

になる。思いやりに優れた人が優秀な人なんです。知識がある、計算が早い、そういうことじゃない。思いやりにもいろいろあって、同僚、部下、上司、会社、社会に対する思いやり、そういう思いやりをきちんと持っている会社が、優秀な会社なんだと思います〃私もそう思います」

とはっきり述べている。

豊田章男氏が、いかに塚越の経営哲学を特別な思いをもって経営の指針としているかがわかる。

塚越は自らの著書で経営哲学について語っている。

その書籍は多くの経営者が手に取り、経営の在り方を自問していった。そして伊那食品工業に直接塚越を訪ね、話を聞く全国の経営者が後を絶たなくなった。

大手企業では株式会社デンソーなどトヨタグループ各社、日本生命保険相互会社、東京海上日動火災保険株式会社、パナソニック株式会社、帝人株式会社、株式会社村田製作所などの役員や管理職、徹底したサービスで名声が高いホテル、ザ・リッツ・カールトンの日本支社長、果ては黒田東彦氏も日銀総裁時代に塚越の経営哲学に興味を持ち、赤松林の本社を訪れている。


塚越の経営理念に注目したのは日本の経営者だけではない。

アメリカの有力経済紙『THE WALL STREET JOURNAL』（ウォール・ストリート・ジャーナル／2015年9月1日付）にも、塚越の記事が掲載された。

そのタイトルは「トヨタ自動車の豊田社長が助言を求める相手とは」。

塚越の経営の考え方や、豊田章男社長（当時）がその経営哲学を強く支持し、自らの経営に反映させようとしていることなどが、決して小さくない扱いで紹介されている。


さらに日本政府も塚越の経営哲学に着目する。

塚越の著書『リストラなしの「年輪経営」』（光文社）が、2015年度の内閣府の事業として英訳され、北米を中心とした大学や主要図書館などに無償配布された。その事業の目的は、「日本の文化、歴史、社会等に関する書籍を英語に翻訳して出版し、海外における正しい対日理解を促す」とある。

様々なジャンルから多数の書籍候補が上がったが、選定されたその年度の書籍は五冊のみだった。

塚越が提唱する経営哲学は「年輪経営」というもの。

樹木は一年に一本年輪を刻む。どんなに天候が不順でも年輪ができない年はなく、前年より確実に少しずつでも成長していく。

企業経営もこうあるべきではないか。

不況などにも大きく左右されず、低成長でいいから昨年より今年、今年より来年と確実に成長していくことが大切ではないか。成長は単なる売り上げや企業規模ということではない。社員が明るくなった、会社のイメージがアップした、人からいい会社になったと言われることなども立派な成長である。そうしたことが社員のしあわせに繋がっていく。

社員がしあわせを感じられれば、モチベーションが上がり業績も向上し、結果的に社会に役立つ企業へと成熟していく。

これが塚越の経営の根底を支えてきた年輪経営という考え方である。

塚越はこの年輪経営の考え方の中で急成長を戒めている。

急成長するときの多くが、景気やブームなどによる他力本願で自らの努力の結果ではない。急成長したら必ずその反動がやってくる。その反動に抗しきれず、いつの間にか世間から消えていった会社も少なくない。

倒産は許されるものではない。

住宅ローンを抱えている社員もいるだろう、子どもが育ち盛りで家計に余裕がない社員もいるだろう、取引先にも多大な迷惑をかける。経営者としてその責任を果たして取れるのだろうか。経営者は急成長より、安定した経営を目指さなければならない。

塚越は徹底的に人のしあわせにこだわる。

誰もが健康でしあわせに生きたい。それは万人共通の願いであるはずだ。企業活動の目的はそこにあるのではないか。社員や周囲の人たちをしあわせにすることを、会社の目的として経営していくことが本来あるべき姿ではないか。

塚越はそうした信念を貫き、どん底の経営からユートピアと呼んでも決して大袈裟ではない会社を築き上げた。

日本を代表する多くの経営者に、影響を与えた塚越の経営哲学と実行力。

その人間性はどのように形成されていったのだろう。経営や人生の在り方のヒントが、塚越の人生にちりばめられているのではないか。

塚越の人生のスタートは、貧乏、病気、経営苦……いくつもの谷を過ごし、いくつもの山を乗り越え続けた道のりであった——。

第1章

第2章 【挑戦】
～社員のしあわせの実現を目指して～

第3章

【飛躍】
～責任と夢と覚悟と情熱～

第4章

【信念】
～つながり広がるしあわせのカタチ～

第5章

【未来】～すべては人々のしあわせのために～

エピローグ

【永遠】～いつまでも「まず社員のしあわせ」を考える会社であってほしい～

プロローグ

【悲運】

～貧困と闘病の中で～

「もうみんなで死のうか――母ちゃん、疲れちゃったよ」「死んじゃダメだよ」

塚越寛は1937年（昭和12年）10月3日に、長野県伊那市の隣町である現在の駒ヶ根市に生を享けた。

6人兄弟の4番目として生まれる。上に2人の姉と兄、下に2人の弟。

母は現在の長野県辰野町、父は新潟県長岡市の人だった。

塚越が生まれる少し前に時代を戻そう。

父方の祖父は長岡で、屋根の下地などを扱う材木商だった。

祖父は道楽者で、仕事を番頭に任せて昼間から酒を飲んでいたというから、比較的商売はうまくいっていたのだろう。

しかしこの素行が災いを招いた。いつの間にか商売が立ちゆかなくなっていたのである。番頭が商売の金を好き勝手に使っていたという噂も流れたが、実際のところは定かではない。

いずれにしても長岡にいることができなくなり、一家は夜逃げをする。たどりついた場所が駒ヶ根だった。

その時塚越の父だけ長岡に残った。父は長岡工業専門学校（現・新潟大学工学部）に在学中で卒業を間近に控えていた。成績は抜群で首席で卒業するほど頭脳明晰だった。その才能を地元の代議士が惜しみ、自分の書生という身分にして預かり、学校を卒業させたのである。

一人遅れて駒ヶ根の一家に合流した塚越の父は、伊那電鉄に技術者として就職する。高学歴の父は田舎の鉄道会社で厚遇を受けた。当然給料も良く、夜逃げをしてきた一家にもかかわらず比較的裕福な暮らしができた。

しばらくすると塚越の父は母と出会い、結婚をする。

父には絵の才能があった。伊那電鉄で仕事をする傍ら、洋画家・前田寛治に弟子入りする。前田寛治は人物写実画の名手とされ、若手の画家たちに多大な影響を与えた人物である。

父は職場に自分のアトリエまで作ってしまうほど絵に没頭していき、6人の子をもうけたのにもかかわらず、伊那電鉄をやめて絵の修業のために単身東京へ出てしまう。非情な男と非難されても返す言葉もない所業だが、芸術家にありがちな自由奔放な生き方を誰も止めることはできなかった。

すでに戦争の気配が日本中を包み込んでいた時代で、父は軍需工場で働きながら理想を求めて絵を描き続けていた。しかし終戦の年、1945年（昭和20年）4月、肺結核であっけなく命を落としてしまう。

塚越はまだ幼かった。その記憶に父の姿はほとんどない。

塚越は後の回想でこのように語っている。

「絵描きである父の血を継いでいると思うときがあります。芸術家というのは己の表現に対して、どうあるべきか、どう表現すべきかということをいつも悩み、物事の真理を追究している。そうした血が、会社づくりに役だったかもしれない」

塚越は7歳で終戦を迎えた。父を失った塚越一家の苦労が始まる。

戦後の物不足、殺人的なインフレ。非力な塚越一家は大きくうねる時代の波に翻弄され、生きていくのがやっとだった。母一人で幼い子どもたちを食べさせていかねばならなかった。その頃は一番上の姉と兄も、肺結核を患いすでに亡くなっており、塚越の兄弟は、上に姉1人、下に弟2人の4人で、塚越は長男という立場になっていた。

一家は貧乏と毎日闘った。

家は建付けが悪く、冬は朝起きると枕元に雪が積もっていた。

小さな囲炉裏《いろり》が板の間にポツンとあった。暖をとったり野菜を煮たり、一年中囲炉裏には薪《まき》が必要だった。夏は山に行って適当な薪を拾ってこられる。しかし冬は雪で山に入れなくなるので、秋にある程度の量を確保しておくのだが、そんなものはすぐに使い切ってしまう。裕福な家は薪を買うことができる。貧乏人には買えない。家の外に積んである薪の量で、貧しさがわかった。当然塚越家は薪を積むことはできなかった。

母は製材所で働きわずかな賃金を得ていたが、当時の女性の稼ぎなどうっすらと白くなった霜のように、あっという間に消えてなくなった。

10円で買ってきたコッペパン一個を薄く切って、家族で分け合って食べたときもあった。コッペパンさえ買えないときは、「今日は何も食べるものがないんだよ。ごめんね。お腹がすいちゃうから早く寝ようね」と母が言った。母は生活するのに疲れ切っていた。

それでも母は、子どもたちには立派な人間になってほしいと願った。塚越は母が口癖のように言っていた言葉を覚えている。

「ボロは銃後の勲章」「三つ子の魂百まで」「一寸の虫にも五分の魂」

母は学校を出ていなかったのでカタカナしか書けなかったが、人としての優しさとか、心構えとか、ものの善悪や恥ずかしくない生き方を教えてくれたと塚越は言う。

「お袋が偉かったんだと思います。女手一つで私たち兄弟を真人間に育ててくれたんだと思います」と述懐する。

貧乏の中で塚越は人の情けに触れていく。

ある時小学校で映画観賞会があった。それを観るのに2円90銭が必要で、なんとか工面して持っていった。担任の女性教師は塚越の家の事情を知っていた。いったん受け取った2円90銭を誰も見ていないところで、そっと返してくれた。どんなに塚越が嬉しかったことか。親切が身に染みた。

その日の暮らしが立てば上等、生きることに精一杯の時代だった。

そんな時代に女手一つで一家を支えることがどれだけ困難なことか、当事者でなければその過酷さはわからない。母は子どもを何とか養わねばならない一心で踏ん張っていたが、ある日、ポツリと子どもたちに言った。

「もうみんなで死のうか。――母ちゃん、疲れちゃったよ」

幼い子どもたちに、その言葉の重みなど伝わるはずもない。

しかし塚越は、きっぱりと反対した。

「死んじゃダメだよ」

塚越はその一瞬しか覚えていない。

幼い我が子の一言は、つぶれかけていた母の胸に突き刺さった。

母の辛そうにうつむいていた顔だけが、塚越の記憶の奥底に刻まれた。

「親切」が自分をつくった

1950年（昭和25年）、塚越は中学生になった。

終戦から5年が経過していたが、相変わらず塚越家の貧乏は続いていた。少しでも家計を助けようと、塚越はアルバイトを始める。

中学にも親切な先生がいた。わざわざアルバイト先を探してきてくれるのである。

「お前、あそこの缶詰問屋な。オレが話してきたから今度の日曜日に行けよ」

仕事は缶詰問屋のラベル貼りだった。

塚越が懐かしそうに述懐する。

「手作業で貼るわけですよ。それが冷たいんです冬は。辛かった。缶詰が一箱に48本入っていて重いんです。それをね、担いで倉庫へ持っていったりしたんです。そこの問屋のお嬢さんが同級生なんですよ。贅沢してるのがわかった。でもこっちはアルバイト。ちょっと恥ずかしかった。それでもお金を稼げるのは有難いなあと思ったんです」

英語の辞書を買ってくれた先生もいた。塚越は成績がトップクラスだった。

人材は国の宝と考えられていた時代でもあり、教育者の一人としても、先生は塚越を貧乏の沼に沈めさせてはならないと思ったのかもしれない。

塚越が暮らしていた地域は、川で米をとぐ習慣があった。

いつものように米をといでいると、時々近所に住む女性と一緒になった。この女性もまた、塚越家の窮乏を知っている。

「はいよ。少しだけど持っていきな」と、自分の米を塚越のざるに入れてくれるのである。

その有難さが身に染みた。

塚越はこうした有難さや嬉しさを、大人になってからも決して忘れなかった。

「貧乏して辛い思いをする。そこでかけていただいた親切が私をつくってくれた」

人の情けを肌身に感じた人間は、真の優しさが育まれるのかもしれない。

会社のリーダーになってからの塚越の言動を見ると、すべての行動や取り組みが社員への思いやりから始まっている。表面的に形を整えるだけの経営ではなく、「もっと楽に仕事をさせてあげられないか、もっと危険なことから遠ざけてあげられないか、もっと楽しみをつくってあげられないか」と、社員を中心に考えた経営を貫き通している。

そうした思いは社員に伝わり、社員は意気に感じて一生懸命働く。

伊那食品工業が成長を遂げられたのは、こうした塚越と社員の信頼関係があったからこそだろう。

塚越は中学三年生（15歳）になり、高校受験を考える年齢に成長した。

中学の先生は「塚越は東大に行け。そのためには伊那北高校に行け」と言う。伊那北高校は長野県下でもトップ3に入る、地元では屈指の進学校である。

しかし高校はこれまでと違って授業料が必要となる。塚越家は生活保護を受けていて、当時は生活保護家庭の子息は高校にはいけない制度のようなものがあった。そのため中学の先生は「手続き上、一時的にオレの養子にする」と言って、高校を受験させてくれた。

塚越は上位で合格し、育英資金をもらって、晴れて伊那北高校の生徒になる。１９５３年（昭和28年）の春だった。

高校生になったからといって、貧乏が改善するわけでもなく、塚越家は相変わらずその日の生活に追われる日々を繰り返していた。

塚越は登校する前に新聞配達をして家計を助けた。

冬は真っ暗の中、配達所の自転車に朝刊をこぼれそうになるくらい積んで走った。伊那地方の冬の明け方はマイナス15度にもなることがあり、薄いジャンパーを通して入り込む冷気は、体の芯まで凍えさせた。犬にも毎朝吠えられた。「この野郎！」犬にもバカにされたようで、自分の境遇が悲しかった。「くそ〜！　いつか見てろよ！」腹の底から悔しさがこみ上げた。新聞配達がすむと駅まで走り、いつもの電車に飛び乗って、高校へ向かうという毎日が続いた。

土日もアルバイト。土曜日は午後から、日曜日は一日中汗を流した。高校生になって少し体力もついてきたので、土木会社の手伝いをし、道路を補修したり石垣を積んだりした。

育英資金は月６００円支給されていた。

それを授業料として納付するわけだが、時々生活費に回してしまった。母の稼ぎと塚越のアルバイト代、そしてわずかな生活保護費だけで一家５人の生活を支えるには、到底足りるものではなかった。

授業料滞納者は、容赦なく女性事務員によって廊下の掲示板に貼り出される。屈辱だった。貧乏がこれでもかこれでもかと、塚越をいじめぬく。しかし決して自暴自棄になることはなかった。そこが塚越の芯の強さなのだろう。

貧乏生活が続く中、それでも塚越はいつも先の人生を見ていた。

「いつかしあわせになってやる！」決して希望を捨てることはなかった。

——そんな塚越に絶望的な不幸が襲いかかった。

絶望の淵に追いやられ、逆境の中で希望を見出す

高校2年の6月。

まず塚越がおかされたのが瘰癧《るいれき》（結核性頸部リンパ節炎）という病魔だった。結核菌の感染によって首などが腫れる病気だ。塚越は高校を休学して諏訪赤十字病院に入院した。肺結核と違って治療薬の投与で重篤になることは少なく、塚越も2ヶ月の入院で退院できた。

ところがその数ヶ月後、結核菌が肺に回り肺結核に罹患してしまう。当時はまだ不治の病といわれていた時代で、患者は国が定めた隔離病棟に収容された。

貧乏と闘いながら東大を目指していた塚越にとって、この事実は塚越を絶望の淵に追いやった。

塚越の父、そして一番上の姉と兄は肺結核でこの世を去り、塚越とほぼ同じ時期に、2番目の姉も肺結核に罹り隔離された。

塚越が隔離された少し後に、母が胃潰瘍で入院してしまった。肺結核で3人の家族を失

い、さらに今2人の子どもまでも、死神に持っていかれそうになっている。どれだけの心労が母に襲いかかったのか、容易に想像することができる。家に残ったのは、中学生と小学生の弟2人だけとなった。

塚越は運命を呪った。

肺結核の症状は主に酷い咳が続き、重篤になると肺から喀血し死んでいく。塚越の場合、若く体力もあったせいか、幸いにも症状は隔離時より進行することはなかった。その頃、肺結核に劇的な効果をもたらした特効薬（ストレプトマイシンなど）がアメリカで開発され、肺結核に罹っても治癒率が格段に向上したというのも、塚越にとって不幸中の幸いだった。

闘病生活は、投薬しながらできるだけ安静に生活し、食後は必ず2時間睡眠をとるという毎日。運動は厳禁だった。病室から遠くの道が見えた。人々が足早に歩いてゆくのがわかる。そんな当たり前の日常の光景が眩しく映った。

「元気になりてえなあ！」

すべての希望を奪われた塚越は、貧乏だが健康だったときの有難さが胸にこみ上げた。

「なんでこのオレが！」

自らの境遇に地団太踏んだことも一回や二回ではない。せっかく、苦労を重ねて入った高校も中退せざるを得なかった。

隔離病棟の廊下の隅に本棚があった。図書館と呼ぶにはあまりにもみすぼらしいが、患者にとっては唯一の憩いを与えてくれる立派な図書館だった。いろんなジャンルの本がそこで読めた。

塚越は『我らの哲学』という哲学書に出会う。

〝生きることとは〟〝健康であることの意味とは〟

これまで考えたこともなかった生きる上で大切な概念のようなものが、何度も読み返していくうちに塚越の心に染み込んでいくようだった。

「人生をまっとうするためには、健康でなければいけない。健康でなければ、しあわせを手にすることもできない」

健康に生きている人には気付きもしないことを、塚越は肺結核によって心の底に刻んでいく。

塚越は後に、

「本当に健康になりたかった。でもその逆境が大切なことを教えてくれました。貧しさと病気は、神様が私に与えてくれた貴重な試練だったような気がします。苦しい時どうその境遇を捉えるか。自殺をしたり犯罪に走ったりする人もいるけど、与えられた境遇に悲観するのではなく、〝これは次のステップのための準備なんだ。苦しさはバネだと考えればいい。バネは縮めば縮むほど飛び上がる〟というふうに考えました。

死というものがすぐ側にありました。そこから、〝人生には限りがある。たった一度きりだよ〟ということを学んだんです。だからしっかり現実を生きること。楽しんで、有意義にね。

人生にはいろんな局面があります。そのときにそれをどう感じるか。良いことであろうが悪いことであろうが、客観的にそれをみることが大事だと思います。

最低の人生を送ると、あとは上がっていくだけだ。一生かかって上がっていけばいい。同級生が将来を夢みて育っていく時期に、私は人生の貴重な勉強をさせてもらいました」

と述懐した。

入院中、嬉しいこともあった。

すぐ下の弟が中学を卒業して、伊那市のカメラ店に就職した。

成績優秀だったが、とても進学できるような状況ではなかった。その弟が最初の給料で、退院して就職するときに困らないよう、塚越に革靴を買ってくれた。

嬉しさの反面、家族の将来を狂わせた結核を心底恨んだ。

「進学させてやりたかった。頭のいい弟だった」

中卒が「金の卵」と言われていたこの時代。中卒で働くことも、決して珍しいことではなかった。ただ、弟の頭のよさを考えると、中卒で勤めなければならない境遇を、塚越は哀れみ、悔しく、残念に思った。

同時に兄に靴を贈った弟のやさしさが胸に刺さった。

「嬉しい気持ちと悔しい気持ちで胸がいっぱいでした。貧乏と病気が一人の人生を変えてしまいました」

その後兄弟は別々の道に進み、弟は自らの道で立派に自立していく。

弟は父親ゆずりで絵が上手かった。画家にもなれる腕を持った趣味人として、油絵をいくつも遺している。

その一枚が豪華な額縁に入れられ、現在、伊那食品工業に掲げられている。


塚越の症状は徐々に快復していく。

だんだん良くなっていく体調の変化に希望も出てきた。体調が上向きになっていくと心まで元気になる。

塚越は一人の看護師さんに恋をした。同い年の人だった。

二人は示し合わせて隔離病棟を抜け出してデートした。

このときすでに、隔離から二年以上経過し、薬の効果で結核菌もかなり減少し、他人に感染する心配もほぼなかったので、看護師も安心して塚越の誘いにのったようだ。

「デートっていったって、今から考えれば可愛いものですよ。冗談を言いあったり、将来の夢を語ったりね。意外とみんな自由にのびのびとやっていました。私だけじゃなく、結構みんな恋愛してたなあ。患者は男も女もいるんだから、あっちこっちでカップルができていました。自由というものに飢えていた感じでしたね」

体力が付いてくると悪戯もしたくなる。なにせ10代の若者である。

「夜中に抜け出して、どこかの畑のカボチャをとってきたり、サツマイモをとってきたりしていました。病院だから鍋なんかないので、それを洗面器で茹でたりしてね。いつだったかカボチャを洗面器で煮て、それを皿に盛って女性の患者のとこに持っていって〝おお、カボチャ煮だぞ!〟って景気付けたら、〝なんで煮たの?〟って言うから、〝洗面器で煮た〟って言ったら、えらい怒られちゃったりね、ハハハ」

また塚越は仲間と、給食の世話をしている3人の女性を、近くの川へハイキングに誘った。

「おい、ハイキングに行こう!」

「いいわよ」

給食係の3人だから、弁当をつくることは造作もない。

結核患者3人と隔離病棟の給食係3人の、集団デートである。隔離病棟を集団で抜け出すのはそれなりに苦労と工夫もいるが、塚越たちは悪知恵を駆使して脱出し、ハイキングを楽しんだ。

「どんな弁当だったか忘れちゃいましたけど、美味かったなあ。……楽しかったんです、そんなことが」

逆境の中にささやかでも楽しさを見つける。そして楽しさは次のステップの原動力になる。人は希望があるから這い上がれる。真っ暗闇では進む方向さえわからない。

塚越は逆境の中に希望を見出し、そこに向かって進んでいく生き様を、この結核病棟で身に付けていったのかもしれない。

第1章

【苦難と希望】

~どん底からの出発《たびだち》~

寒天屋はオレの「天職」

塚越は20歳になった。

3年に及んだ隔離生活からやっと解放された。1957年(昭和32年)のことだった。

「自由だ!」

何の制約も受けずに自由に歩ける解放感が塚越を包み込んだ。体中の細胞が瑞々しく活動し、その躍動感が全身にみなぎった。

「健康だ!!」

塚越はすぐに就職活動に走り回る。弟が買ってくれた革靴は、もったいなくて履けなかった。下駄をはいてあちこちの会社を飛び込みで訪ねた。

「こんにちは。私をつかってくれませんか」

どこも門前払いだった。それでも塚越は逞しい。

「私をつかったら絶対に損はしませんよ。私は中退したけれど高校の成績は抜群だったし、こうやって健康にもなったし、絶対に損はさせませんからつかいませんか」

身元もしれない若者を、「そうですか、では」と簡単に雇用する会社などありはしない。

今から思えば、塚越の訪問を受け採用した会社があったとすれば、その会社はどうなっていたことだろう。訪ねてきた若者が、今の伊那食品工業の塚越最高顧問だと関係者が知ったとしたら、一生の後悔として地団駄踏んだかもしれない。

いっこうに就職が決まらない塚越に、ある就職話が届いた。

母の友人で製材会社に勤めている女性が、その会社の専務に口を利いてくれて、ようやく就職口が決まった。

「どんな仕事でもいい。働けるだけで有難い！」

塚越はそこで事務の手伝いのような仕事を一年続けた。

ある時、塚越は社長に呼ばれた。

「うちの子会社で、伊那化学寒天（現在の伊那食品工業）っていう会社があるんだけどな。おまえも聞いたことあるだろう、寒天を作ってる会社だよ。そこへ出向してくれ。おまえの肩書きは社長代行だ。悪かねえだろう？」

ずいぶん乱暴な話である。社長代行というのも何か胡散臭い。しかし社長命令とあっては断る理由がなかった。そうして訳も分からない状況で、塚越は伊那化学寒天（塚越が入社して間もなく伊那食品工業に社名変更）の社長代行という奇妙な肩書きで、実質的な社員となった。

伊那化学寒天は塚越が入る約1年前に設立された会社だ。その前身は長野県辰野町にあった寒天製造の協同組合で、もともと寒天を作っていた有志数人が設立した。新たな製造技術を導入して利益をあげようとしたが順調には進まず、3年で大赤字を出してしまった。

入社のころの塚越

その後、紆余曲折はあるが、信用金庫の援助で協同組合から独立した形で設立されたのが伊那化学寒天だった。場所として選んだのが、現在の伊那食品工業・沢渡工場がある土地（伊那市西春近）である。沢の脇にある斜面を切り開いた狭小地で、工場の入り口には墓地などもあり、人々の生活の場から追いやられたような土地だった。そこに掘っ立て小屋のような粗末な工場が建っていた。

工場内部　1959年（昭和34年）

寒天の製造は原料である天草などの海藻を釜で煮て、ゲル状の液体を抽出する。それを冷却とプレスによって水分を取り除き、さらに乾燥させたものが寒天になる。

当時の業界は機械化して生産性を上げるといった発想すらなく、農家の副業として江戸時代から行っていた寒天製造と、基本的には変わらない工法で製造していたのである。

だから当然従業員は、悪環境の中で重労働を強いられる。

水浸しの床、重い原料を手作業で運ぶ、鼻を突くような悪臭。しかし寒天工場なんてそれが当たり前だと思ってみんな働いていたので、仕事の過酷さに疑問を感じる者などいなかった。

従業員は十数人。その半数近くは手伝いに来ていた近所の女性たちだ。井上という社長がいたが、塚越は社長代行という肩書きで派遣されていたので、経営者としての業務の多くを塚越がこなすことになる。

塚越、この時21歳。

後に塚越は当時の工場の印象をこう語っている。

「滅茶苦茶な会社でした。設備も滅茶苦茶。会社の体をなしていませんでした。当然、赤字。働く環境は劣悪でしたね。ほとんど手作業、床は水浸し。おまけに海藻を煮る臭いが凄まじい。こりゃあ健康な人も、病気になってもおかしくない。健康が一番大事だと心底思っていた私ですから、とんでもないところに来ちゃったなと思いました」

原料である海藻の管理もずさんだった。

道路から工場へ行くきちんとした道がなく、墓地脇の細い道を通って工場に入っていくという状況だった。海藻が入荷すると工場へ担ぎ込むわけだが、道幅が狭く運び込むことができない。そこで工場に隣接する川の河原に置いていた。

その当時のことを創業当時から塚越と一緒に働いた、盟友でもある北原清が語ってくれた。

「海藻って重いんですよ。一括りの重量は50キロ近くにもなる。重いのになると100キロくらいあるものもありましたよ。そんなもん、河原に置いとくしかないでしょう。でもね雨がちょっと降って水かさが増すと、流されちまうってわけでね、大騒ぎ。みんなで上げろ上げろって、河原からね。それでも少しは流されちまった」

何もかもがそんな具合で、行き当たりばったりの経営だったのである。

21歳の若者が社長代行という地位だったため、その行動によっては疎まれてもおかしくない存在だったが、意外にも従業員たちは塚越を受け入れた。持ち前の人懐っこさと誰よりも働き者だったことが、従業員に好感を持たれた。人が嫌がるような仕事も自ら進んでやった。そんな若者を見て、年上の従業員も20代そこそこの社長代行を認めるようになっていく。

しばらくして塚越は伊那食品工業の立て直しに着手する。

最初に行ったのが、従業員４人をクビにしたことだった。

４人はその日にうちに片付かない製造途中の製品を、夜中に工場に来て川に流してしまっていたのである。言われた仕事はやったよと誤魔化すような悪行を日常的に行っていた。酷いものである。

伊那食品工業は場末の場末、もうこれ以上落ちるところはないような会社だった。集まる人間の中にも行き場のなくなった者たちが中にはいた。今日の飯が食えればそれでいい。将来の夢など持ったことのない、投げやりに生きていた人間が何人かいたのである。

残った従業員たちも、そうした不良のような従業員たちを見て見ぬふりをしていたが、一生懸命やっている者ほど不満を募らせていたのである。

残った従業員たちは塚越の英断に心の中で拍手を送った。

ただ一度に4人も解雇したため、働き手が足りなくなった。募集をかけるがなかなか人が集まらない。

後に塚越は「当時は金の卵なんて言われてた中卒の子たちを入れても、しばらくするとやめていくんです。そりゃあそうですよ、仕事もきついし、夢もないし……」と振り返る。

塚越はそんな会社の状況に、

「何とかしないと。夢を持てるような会社にしないとダメだ。仕事場をもっと良くしないと、働く気も起きねえだろう。楽しく働ける環境を作らねえと！」という思いがこみ上げたという。

幼い頃から、大変な貧乏をしてその苦労が身に染みているから、貧乏を目の前にすると「冗談じゃねえ、負けるもんか！」と踏ん張る力が出る。

その上、結核で生死の境を見ているから、元気で楽しく働けることこそが人として一番のしあわせなんだと、体の芯の部分で感じる。

だから会社の惨状を目の当たりにすれば、「誰もが心地よく、働き甲斐があって、笑顔が絶えない会社にしなければ！」と思うのは、塚越にとって自然に湧き出る感情だった。

塚越は健康で働ける喜びを全身に感じて一生懸命働きながらも、酷い労働環境への憤りを募らせていく。

「これ以上の底はねえや。だからこれ以上落ちることもねえ。あとは上がるだけだ。夢があるじゃねえか。……そう思えば力も出る！」

塚越は、光の差さないどん底から上を見上げ、いつかは見えるだろう、希望の光を目指して登っていこうと覚悟を決めた。不思議と悲壮感はなかった。

「みんなでやれば何とかなるさ！　こんな会社に残ってくれた人たちのために、一生懸命働こう。オレの天職は、きっと寒天屋なんだ！」

従業員を楽にしてあげたい！

塚越は従業員と一緒になって汗を流しつづけた。

原料の天草を農作業用のフォークで突き刺し、大きな釜に何度も投げ入れる。厚いゴム製の重い前掛けと長靴で一日中水仕事。脱水した寒天ゲルを乾燥のため天日の下に並べる。冬は寒さで手がかじかんだ。

工場が引けて従業員が帰ると、裸電球が一つしかついていない6畳の事務所で、寒天製造の研究に没頭した。それまでの製法はあまりにも原始的だった。

「何かいい方法があるはずだ。お金をかけなくても、もっと効率よく作れる方法があるはずだ」

寒天製造では、アルカリ溶液を使用して海藻を釜で煮る場合がある。その時間や温度、濃度……。微妙なバランスで寒天の出来不出来が左右される。

塚越は高校の化学の教科書を広げながら、粗末な事務机の上で寒天と格闘していく。

塚越は振り返る。

社員とともに～後列左より3人目が塚越　1959年（昭和34年）

「義務感と責任感ですよね。誰もやる人間がいないから、一人でやった。……やらざるを得なかったんです。事務所に机が一つ、後ろに流しがありました。そこが私の研究室。毎日夜の九時前に家に帰ったことなんてありませんでした。でも苦労だと思わなかったです」

従業員と一緒になって労を惜しまず働き、幼稚な研究だが粘り強く続けていくうちに、歩留まりなどもわずかずつだが改善していった。その結果、塚越が入社して１～２年ほど経つと、光も届かないようなどん底の底から少しだけ這い上がれる兆しが見えてきた。

それでも利益は少なく、相変わらず貧しい会社だった。

塚越は毎日考えていた。

「もっと儲けを出すためにはどうしたらいい

か。もっと効率よくつくる方法はないか。お金があれば新しい機械だって買える。そうすりゃ従業員だって、少しは楽ができるだろう」

従業員を見ると、みんな黙々と汗を流してくれている。この人たちに辛い思いをさせたくない。

「現状を変えなければ！……冷たい水仕事は辛いだろう。酷い姿勢での作業は大変だろう。水浸しの工場で一日中働いていたら体を悪くするだろう」

塚越は、もっと利益を出し働く環境を改善したいと必死に考え、行動していった。

塚越は述懐する。

「この頃は、後に企業理念になる〝企業は社員をしあわせにするためにある〟という大そうな思いは、私にはありませんでした。ただ〝辛い思いをさせたくない〟という気持ちだけでした。ともかく利益を出して会社をよくしようと必死でした」

〝辛い思いをさせたくない〟というやさしさは、幼い頃の貧乏や結核の闘病生活の苦労が、大きく影響していた。その苦労の辛さを知っているから、苦労している人を見ると素通りできない。親切にしてもらった有難みや嬉しさが肌身に染みこんでいるから、相手が喜ぶことをしてあげたい。従業員の苦労を見て、〝何かこの人たちのために自分ができることはないか〟という思いは、塚越にとって見返りを求めるような打算ではなかった。

寒天の製造工程で、海藻から煮出した寒天ゲルを天日干しする前に脱水する作業がある。

その準備が一苦労だった。広さが縦横数十センチ、深さが60～70センチの箱の底に布を敷き、布の上に寒天ゲルを広げ、その上にまた布を敷いて寒天ゲルを広げるという作業を繰り返し、箱いっぱいになるまで重ねていく。

箱の上部になれば体をかがめずに出来るようになるが、作業の初期段階では箱の底まで体をかがめて手を伸ばしてやらなければならないから、大変な苦労を強いられる。おまけに水除けの厚いビニールの前掛けを付けているので、かがむだけでもそれが邪魔になった。

そこで塚越は底だけが上下する箱をつくった。箱の底にエアシリンダーを装着し、スイッチで自在に底が上下するようにしたのである。１枚目の布を敷く段階でも、底を箱の一番上にしておけば、かがまずに作業ができる。１枚目の布に寒天ゲルを広げたら、スイッチを押して底を少し下げ、２枚目の布を敷く。これを繰り返せば常にかがむことなく作業ができる。この装置によって従業員の体への負担は相当軽減した。

「塚越さん、こりゃあいい具合だよ。ありがとうね」

「そうかい、そりゃあ良かったよ。大変なことがあったら何でも言ってくれ。できることはどんどん直していくから」

この頃の設備の改善は、多少専門業者に協力してもらうこともあったが、多くは塚越一人で設計し工作した。従業員の苦労を見て見ぬふりは、塚越にはできなかった。

従業員に喜んでもらいたいという気遣いは、塚越の頭にいつもあった。大袈裟なことを考えていたわけではない。

例えば、塚越が営業で外出したとき、菓子屋の前を通りかかる。みんな疲れているだろうから、甘いもんでも買っていってやるか、と立ち寄り最中を人数分買い求める。会社に帰って、

「おーい、最中買ってきたで。お茶にしようじゃねえか」

「おお、いいな。ご馳走になるか」

差し入れをもらって嬉しくない従業員はいない。

20人にも満たない会社だ。お茶になれば会話も弾む。こんな息抜きで、徐々に笑顔も増えていった。

塚越の行動が、少しずつ会社を明るくしていった。従業員たちもやる気を出していく。掘っ立て小屋のような工場の体裁は変わらないけれど、塚越が入社した時のあの荒んだ何の希望もない空気は、影を潜めつつあった。

経理も塚越がこなした。社長代行という肩書きだったから、金の工面も塚越の仕事だった。しかし世間は冷たかった。

いつ潰れてもおかしくないような会社を、金融機関が相手にするはずはない。かろうじて、伊那食品工業の設立に関わった信用金庫や国民金融公庫（現・日本政策金融公庫）だ

けが、話を聞いてくれた。

当時の伊那食品工業は専門の経理担当などいなかったため、融資に必要な書類も塚越が書いた。持参した貸借対照表に国民金融金庫の支店長が目を通すと、いきなり支店長の口端から笑みがこぼれた。

「塚越さん、当期利益を書く場所が逆ですよ」

「えっ」

「自分でつくった？」

「はい、勉強したんですけどね」

後に塚越はこのエピソードを楽しそうに話した。

「はは、笑っちゃいますよね。必死になって勉強して書き上げたんですけどね。……でもね、貸してくれましたよ、50万（※現在の通貨価値で500万円ほど）。大らかな時代ですよ。私を哀れだと思ったんですかね。でも有難かったなぁ」


作った寒天がたまると、塚越がバイクを走らせ注文を取りに行く。売り込み先は主に和菓子屋。飛び込みで行くことも珍しくなかった。飯田（長野県）辺りは当時菓子産業が盛んで寒天が良く売れた。

寒天はこの時代は相場商品だったので、気候などによって値が大きく上下する。

あるとき、一番高いタイミングで売って大いに儲けが出たことがあった。その直後相場が急落した。高い値で売った店に再び売り込みに行ったとき、店主はカンカンになって塚越を怒鳴りつけた。「あんた、一番高えときに売りやがって、この野郎！　もうあんたのところとは取引きしねえ！」

取引停止になったのは一軒だけではなかった。

この頃の塚越は寒天が相場商品だと知ってはいたが、情報が希薄な時代、リアルタイムに相場など知る由もなかった。塚越は誤魔化そうとしたわけではなかったので、店主たちに謝罪し誠意を尽くした。店主たちも一生懸命やっている塚越を見て、矛を収めてくれた。

ともかく、１キロでも多く寒天を売りたかった。売って儲けがほしかった。

塚越を怒鳴りつけた店主たちも取引きを再開してくれたが、限られた地域への販売は自ずと限界があった。もっと販路を拡大して利益を出し、工場の環境を改善したい！　――こうした思いと現実の厳しさの狭間で、なかなか活路を見出せない日々は続いた。

そんな状況でも塚越は、粗末な研究室での寒天の研究を怠ることはなかった。

出た結果を工場で試してみる。試行錯誤を繰り返し成果が出始めると、月の生産目標を前月より少し多めに設定する。目標をクリアすると、〝お祝いだ〜！〟と歓声を上げ従業員みんなでビールで乾杯する。狭い事務所に笑い声が溢れた。〝がんばればうまいビールが飲める〟……ささやかな楽しみが従業員の間に生まれた。

何の楽しみもなく、わずかな生活費を稼ぐためだけに重労働を仕方なくこなしていた従業員が、少しずつうっすらとした希望のようなものを感じ始め、不衛生で陰湿で雑然としていた工場も、窓から差し込む日差しが心なしか、明るく感じられるようになっていた。

「この会社、来る度に何か違ってるね」

1961年（昭和36年）頃の伊那食品工業は、少しずつ業績は好転しているものの、依然として厳しい経営状況が続いていた。塚越が入社して3年、24歳の頃の話である。

当時の寒天業界は、原料である海藻の天草が不足気味で、寒天業者の間では原料の争奪戦が始まっていた。苦労して手に入れた原料で寒天を製造しても、今度は値引き合戦に巻き込まれ、順当に利益が得られる業界ではなかった。

塚越は述懐する。

「こんな割にあわねえ商売はないと思ったりしましたよ。一生懸命働いても、手元にほとんど金は残らない。重労働している従業員にだって満足のいく給料を出すこともできませんでした。何かないか、何か利益を出せるようなものはないか。そんなことに頭を悩ませていたとき、これならできるかもしれないと思ったんです」

それは〝粉末ジュース〟だった。

明確な根拠などない。ただ塚越はこうした直観が鋭い。

当時、「渡辺のジュースの素」というのが世間に広く出回っており、清涼飲料水の種類も限られたものしかなかった時代で、安価な粉末ジュースは良く売れていた。

オレンジ味やパイナップル味など、コップにジュースの素である粉末を入れ水で溶かすと、手軽にジュースが楽しめた。小さな子どもたちは、直接粉末ジュースをなめて「うめえなあ」と顔をほころばせていたものである。

塚越は渡辺のジュースの素の研究を始めた。

机に紙を敷き、一袋分の粉末ジュースを広げる。粉末ジュースの素は何種類かの小さな粒が混ざりあってできていた。それを針の先で一粒ずつ種類別に分けていった。気が遠くなるような作業であるが、塚越は一人で夢中になった。

分け終わると、小さな山が5～6個できた。なめてみる。「これは甘いぞ、これは酸っぱいぞ、これは果物の味か……」虫眼鏡で見ると、微妙に色や形も違う。

「ああ、こんなものがこういうふうに混ざってるのか。なるほど」

早速薬局へ行って、「酸っぱいものは何と何がある？　甘いものは何と何がある？」などと言っていろいろ出してもらい、それを会社に持ち帰り、実際の粉末ジュースと照らし合わせ内容物を分析する。松本にある薬品会社を訪ねて知識を得たりもした。

塚越はささやかな研究室で、集めた物を乳鉢ですりつぶしたり、いくつかの成分を混ぜ合わせたり、化学好きな学生が理科室で実験に没頭するかのように、ジュースづくりを進めていった。

そして渡辺のジュースの素のコピーを完成させる。そこから甘さを少し強くするとか、香料の割合を少しだけ増やすとか、伊那食品工業独自の工夫をしていった。

売り出すと、この粉末ジュースが意外と売れたのである。

ブランド名はピッケル印。ピッケルというのは登山で使う道具のこと。塚越が幼い頃亡くなった父親のあだ名が〝ピッケルさん〟だった。顎がピッケルのように少ししゃくれていたので、仲間がそう呼んでいたという。塚越が父親のあだ名をブランド名にしたのは、やはり家族としての絆が希薄だった、父親への特別な想いがあったのだろう。


ある日のこと。誰もが知る老舗和菓子店から電話があった。

「お宅の粉末ジュースを、弊社の名前で売らせてもらいたいんですが」

先方の誰かが、伊那食品工業の粉末ジュースを飲んだのだろう。

「お宅のは味がいいから」と製造依頼が舞い込んだのである。

当時、その企業の和菓子は全国で飛ぶように売れていて、勢いがあった。そこからの依頼である。塚越は欣喜雀躍《きんきじゃくやく》した。

契約にわざわざ先方の専務が会社に来るという。しかも明日。さあ困った。掘っ立て小屋の工場と粗末な事務所しかなく、応接室などない会社である。こんなところに老舗和菓子店の専務を迎えるわけにはいかない。せめて応接室を作ろう！　と思い立つ。思い立ったらすぐ実行！　塚越の真骨頂である。

当時伊那食品工業には、事務所の隣に釜焚きのおじさんが寝泊まりしていた部屋があった。朝従業員が出社してすぐに作業ができるよう、早朝に、海藻を煮るための釜に火を入れておく役目を釜焚きおじさんがしていた。その部屋を急遽応接室に替えてしまおうというのである。

突貫工事が始まった。壁をペンキで塗る。畳の上へカーペットを敷く。家具屋で応接セットを買ってくる。なんと一晩で宿直部屋を応接室に替えてしまった。

しかしペンキの臭いは抜けず、先方の専務との商談は、ペンキの臭いのするにわか作りの応接室で行った。専務は苦笑いしながらも、長期的な製造を依頼してくれた。ところが原料を調達する資金がないという何とも情けない状況が露呈したのである。

現金がない。銀行は貸さない。塚越は困り果て恥を承知で言った。

「御社の仕事は有難いけれど資金が不足しているんです。なんとか貸してくれませんか」

「いくらくらいあったらいいですか？」

「１０００万」

言われたほうも慎重にならざるを得ない。金だけ出して持ち逃げされることだって考えられる。そこで手形を切ってくれた。

しかし融通手形（※現実の取引きがないにもかかわらず、資金調達を目的に振り出される手形）だ。金融機関に持っていっても割ってくれるところなど、容易く見つかるものではない。塚越は社長の井上と一緒に信用金庫の理事たちの家を一軒一軒訪ね、資金の必要性を訴えた。

「その資金がないと依頼されたジュースが作れないんです！　せっかくの大量注文なんです。伊那食品が大きくなるチャンスなんですよ！」

すでに信用金庫からは融資を受けている。しかも今回頼んでいるのは融通手形である。当然理事たちもいい顔はしない。そこで塚越は脅しをかけてみた。

「今回の融資がお願いできないとなると、会社が持つかどうかわかりませんよ。私だってどうせ形ばかりの経営者だ。伊那食品に義理もない。いつでもやめる覚悟はできてますよ」

理事たちもそこまで言われると動揺する。融資が焦げ付いては困ると思ったのだろう、しぶしぶ手形を割ってくれた。

こうして老舗和菓子店からの発注を安定的にこなすことができ、一時は本業の寒天より売り上げが多くなった。粉末ジュースの製造は3～4年続き、伊那食品工業の経営を支えた。

粉末ジュース以外にココアなどもつくった。ピッケル印のココアだ。

塚越は述懐する。

「市販のココアを買ってきて、甘味を混ぜるだけ。パッケージのデザインも自分でやりましたよ。……社員のことを考えると、ともかく倒産しちゃいけないという強い思いがありましたね。だって給料を持って帰らなきゃ、家族が食えないという人ばかりでしたから。だからなりふり構わずやりました」

伊那食品工業の粉末ジュース作りは、終戦の時一切の仕事を失い、なおかつ石油業にもしばらく戻れなかった出光興産が、社員一丸となってまったく経験のない、ラジオ修理や農業までやったという逞しさに少し似ている。

出光佐三も、社員のしあわせを何よりも優先して考えた人物であった。

塚越は後年、出光興産の創業者である出光佐三の著書『働く人の資本主義』を読み大いに感動し、〃経営はどうあるべきか〃という経営理念のお手本とした。

盟友・北原は、懐かしそうに粉末ジュース作りを振り返った。

「ブドウ糖が入った大きな袋が入荷すると、〃これがみんなジュースになるんだよな〃とみんなで興味津々で話していたのを覚えています。

仕事はきつかったけど、嫌だと思ったことはないです。一生懸命働いてみんなでちょっとても楽になろうよって。毎日残業やったり大変だったけどね」

工場の設備の改善なども、日常茶飯事だったという。

「塚越さんが何かアイデアを出すんです。〝こうやろうじゃねえか〟〝よっしゃ、やろう！〟って、業者なんか頼まずみんなで取り掛かるんです。例えば、〝ここに階段があるけど、これじゃ邪魔になるし作業の効率も悪いから、ここに付け替えよう〟なんてね」

塚越も懐かしそうに当時を振り返る。

「海藻を洗って、釜に入れるのに〝よいしょ〟って背負って、3メートルの高さまで上げるんです。何十キロもある海藻を担ぎあげるんです。それを見ていてあまりにも大変で可哀そうになっちゃって。トロッコのようなものを考えたんです。洗った海藻をトロッコに積んで、みんなで押し上げるんです。原始的だけど担ぎ上げるよりは楽になった。そのときは懇意にしていた大工さんが協力してくれたりね。ともかく手作りでみんなで少しずつ改善していきました。」

冬、工場にすきま風が入れば壁の穴を塞ぎ、水浸しになっている床を少しでも改善できないかと、ビニールで水の出口を囲い一ヶ所に水を集めるといった、手製の排水設備などを作ったりもした。

北原は、

「〝みんなで何でもやった〟っていう感じでしたよ。不満や辛いと思ったことはなかったですね。ほんとにいくらやっても辛くはなかった」

塚越と北原は、懐かしそうに当時を思い出す。

「キヨちゃん、覚えてる？　宿直して乾燥やったこと」

「うん、忘れられねえよ。あれは大変だった」

寒天を乾燥させるために部屋を作った。そこにボイラーの熱を引き込み乾燥させるというものだ。

「あの乾燥室も自分たちで作ったんだよな、キヨちゃん」

「作ったのはいいが、あんまり上等なものじゃなかったね」

「うまいこと乾かねえんだよな。だから夜中に起きて干し場所を変えたりな」

「5人で交代で宿直してたから、5日に1回回ってくるんだ」

「オレもやった、みんなと同じように」

「ひでえもんで、宿直手当なんか出ねえ、ハハ」

「みんな一生懸命働いてくれたよな」

「そうだね。会社がちょっとずつ変わっていくのも面白かった。ある人が言ってたよ〝この会社、来る度に何か違ってるね〟ってさ」

一生懸命働いて、終わったらみんなでビールを飲む。

塚越は社長代行という地位であったが、何でも社員と同じように体を動かした。偉ぶることのない塚越に、社員は信頼を置いた。

北原は、塚越が口癖のように言っていたことを聞かせてくれた。

「塚越さんは絵も上手でした。新聞広告の裏か何かに工場の絵を描いて、〝この谷をこの会社で埋め尽くすんだ。絶対にこんな状態では終わらせない〟って。……ほんとかねって思ったけど、真剣になって言うんです。……塚越さんの後についていったら、まず大丈夫だと思って一生懸命やりました。戦国時代の大将みたいだった」

我が家を持った嬉しさと伴侶を得た喜び

ここで少し塚越のプライベートに触れたい。

塚越が23歳になった１９６０年（昭和35年）、日本は戦後の混乱から抜け出し高度経済成長が始まっており、４年後には東京オリンピックが控えていた。

伊那食品工業の入り口脇に造り酒屋があった。通勤の度に事務所の中がのぞめる。そこに一人の女性事務員がいた。伊那食品工業には塚越と同年代の若者が数人いた。年頃の青年である。みんなその事務員が気になっていた。

あるとき、伊那食品工業に、造り酒屋宛ての郵便物が誤配達された。

「塚越さん。届けてくれれば？」

「おお、届けてくるか」

間近で顔が見られ、話ができるいいチャンスだと思った。

「これ、間違ってうちに配達されたみたいです」

「そうですか、ありがとうございます」

「じゃあ」

「はい。わざわざすみませんでした」

会話はそれだけだったが、塚越は嬉しかった。笑顔が自然で、利発そうな事務員に塚越は好意をもった。

数日後、塚越は造り酒屋に電話した。事務員が出た。

「この間郵便物を届けた伊那食品の塚越です」

「この間はありがとうございました」

「あの、もし良かったら、今晩お茶でも飲みませんか、駅前の喫茶店で」

塚越は後にこのときのことを、「勇気がいりましたよ、いきなり電話でデートに誘うんだから。私も年頃だったし彼女がほしかった。でものんびり探している暇がない。それで身近にいた事務員に電話しちゃった。感じのいい子だったしね」


その事務員は伊澤愛子といった。駅前の喫茶店デートから始まって3年間つきあった。塚越は愛子にいろいろな話をし、よく歌も歌って聴かせた。塚越は歌が上手かった。小学校の運動会で３００人の中から選ばれて歌を歌い、その歌に合わせて全校生徒が踊ったというから自信もあった。

愛子に聴かせたのは恋愛の歌だった。次第にお互いが魅かれていき、やがて結婚話になっていく。

ところが思いもかけぬ難題が塚越に突き付けられる。

「家のねえ男には、娘はやらねえ！」と愛子の父親が首を縦に振らない。

塚越が母と弟と暮らしていた家は、狭い市営住宅だった。

塚越は納得がいかなかった。

「何を言ってるんだ。自分の家だって、たいした家じゃねえじゃねえか。茅葺きの家でさ。……家くらい、オレ、建ててみせるわ！」

と強がってみるものの、塚越には家を建てる資金などあろうはずがない。しかしここで引き下がるわけにはいかなかった。

まず土地を探した。

盟友・北原の家は農家で、田畑をそこそこ持っていた。そのうちの１００坪を塚越に10万円で分けてくれた。工場から歩いても5分もかからない畑の真ん中の土地だった。

この時点で塚越は有り金を全部はたいてしまい、肝心の家を建てる資金がなくなってしまったのだが、運良く住宅金融公庫（現・住宅金融支援機構）から融資を受けられた。

それでも貧乏人が家を建てることに変わりなく、できるだけ金をかけずに建てるために知恵を絞る。

設計は高校の時の友達が設計士をしていて、頼んだらタダでやってくれた。

「安い家にするには、なるべく天井を低くしたほうがいいぞ。壁の面積が減る。屋根の勾配はなるべく平らにしたほうがいい。屋根の面積が少なくて済む」

ともかく体裁や住み心地などより、予算を最優先にして家づくりを進めた。


基礎に石を敷くのも自分たちでやった。

当時の建築は、基礎の一番下に大きめの石を敷き、コンクリートの土台にするのだが、この石敷きを塚越と北原でやってしまった。基礎になる部分に溝を掘り、工場の脇に転がっていた石を運んで溝に敷き詰める。仕事の合間や休日に北原と2人で、自分たちでできることは何でもやった。

さて壁や筋交いに使う板だが、塚越は妙案を思いついた。

当時辰野町に鋸《のこぎり》の目立て工場があった。製材業者は使っている鋸の切れ味が悪くなると、その工場で鋸の歯を研いでもらうのである。研ぎ終わった鋸は納品前に切れ味を検査しなければならない。ただ切るだけでなく、板などを寸法通り正確に挽《ひ》けるかどうかを確かめる。そんな情報を耳にした塚越はひらめいた。

角材を買ってきて目立て工場に持ち込み、「これを検査に使ってくれ。その代わりにこうという寸法の板にしてくれ」といった具合に、建築に使う材木の多くをわずかな費用で賄ってしまったのである。

建てるのは大工に頼んだが、材木代が大きく節約できたのは、これから嫁をもらう貧乏人の塚越にとってファインプレイだった。

ペンキ屋、建具屋などは電話帳で探して、できるだけ安くやってくれるところに頼んだ。

そうして6畳と4畳半とお勝手だけの小さな家が出来上がった。

「どうだ、これで文句はあるまい！」

晴れて塚越は愛子と結婚する。

しかし一間には塚越の母と弟が寝て、もう一間に塚越夫婦が寝るという状況で、新婚生活の甘さなどとは程遠い暮らしだった。それでも我が家を持った嬉しさと伴侶を得た喜びは、塚越を力強く後押ししていく。

塚越、26歳の頃。

１９６３年（昭和38年）、伊那食品工業に派遣されて5年が経過していた。

第2章

【挑戦】

～社員のしあわせの実現を目指して～

家族的経営
──家族のように1つになってがんばって仕事をしよう

1962年（昭和37年）辺りから、少しずつだが黒字経営になってきた。前年から始めた粉末ジュースなどの売り上げが好調だったことも幸いしたが、経営を取り巻く環境に大きな変化はなく、油断をしていればすぐにまた赤字に転落してもおかしくない状況だった。

寒天業界に目を転じると、大きな問題が持ち上がり始めていた。高度経済成長に伴って1960年代～1970年代半ば（昭和30年代半ばから40年代）にかけて、日本では公害が重大な社会問題となり、公害防止に関する法令が施行される前は、大気汚染や河川・海の水質汚染が深刻で、寒天の原料である海藻も大きな影響を受けた。

さらに埋め立てなども重なって、日本の沿岸で収穫できる海藻の量は年を追って激減していった。従来からの原料の奪い合いは、わずかな量を争ってさらに激化していく。

原料が調達できなければ寒天が作れない。粉末ジュースやココアだけで経営が成り立つはずもない。

塚越は原料確保に北海道、伊勢、瀬戸内海、九州へと文字通り東奔西走した。

原料の調達ばかりでなく、寒天の販路を少しでも拡大しようと営業活動も積極的に行った。塚越は東京へよく出張した。しかしホテル代が惜しかった。東京には高校時代の友人が就職していて、東京へ出張したときは友人宅に毎回泊めさせてもらってホテル代を浮かせるなど、できる節約は徹底してやった。

また製造技術の収集にも貪欲に動いた。

県内だけではなく、岐阜辺りの寒天工場にも何度も足を運んだ。同業者と交流を持ち、工場見学をさせてもらうのだ。工場見学というと体裁はいいが、要は技術を盗みに行くのである。もっと効率よく生産する方法はないものか。少しでも利益を増やそうと、ヒントを求め続けた。

塚越は述懐する。

「ともかく毎日が必死でした。当時は倒産という言葉がいつも目の前にあった」

北原が証言する。

「塚越さんは現場もやる、営業も納品もやる、事務もやる、夜は研究もやる。人の二倍、三倍の仕事をこなしていました」

結核で3年間療養していた体とは思えないくらい、早朝から夜遅くまで働いた。

「経営者には、苦しい中にも会社の将来への夢がある。だけど従業員はそんな夢は持てない。だったらこの人たちを少しでもいい環境で働かせてあげたい。設備も新しくしてあげたい。給料も上げてあげたい。それには利益がいる！　当時は年輪経営なんていう理念的なことを考える余裕なんてまったくありませんでした。ただただ楽にしてあげたい。その一念でした」と塚越はしみじみと振り返った。

タバコをくわえたカラスと若かりし頃の塚越

1967年（昭和42年）、塚越が社長代行として出向を命じられて9年が経った。この時、塚越30歳。

伊那食品工業は塚越や従業員の努力で、数年前に黒字になってから一度も赤字に転落せず、少しずつだが成長を続けていた。ジュースやココアも数年前に製造をやめ、寒天製品だけで経営を維持できるようになっていた。

この年、伊那食品工業で初めて鉄骨の工場ができた。徐々に製品の販路も広がってきて

1967年（昭和42年）頃の伊那食品工業外観

おり、増産に対応するためだった。この頃から金融機関も塚越を門前払いすることはなくなり、以前から比べれば資金調達もしやすくなっていた。

借金に対して塚越は、非常に前向きな考え方を持っている。

「借りて、何かを作って、それで利益を上げて返す、そしてまた借りる。だけど借金を返そうと思っちゃいけません。そうすると萎縮しちゃう。萎縮しないために、借金の比率を下げればいい。そうすれば借金にプレッシャーを感じることなく経営ができますよ。前向きに経営して利益を増やせば、借金の比率は下がりますよね。そういう経営をやろうと。だから借金は怖くなかったです。貸してくれるところがあったらどんどん借りて、どんどんやろうって。その金でいい設備を作って、研究も積極的にやって、社員がもっともっと気持ちよく働ける会社にしようってね」

売り上げを伸ばすといっても、他社と同じようなことをやっていては増収増益など望めない。

塚越が行った他社との差別化の一例を紹介しよう。

当時全国に寒天を扱う問屋があった。そこへ寒天メーカーが売り込みにいく。メーカーが20キロ袋で納めると、ほとんどの問屋はそれを1キロ袋に小分けして売る。小分けする時、担当者は1キロにわずかでも満たないとお客からクレームが出る恐れがあるので、少しずつ多めに入れる習慣があった。すると20袋目の内容量が足りなくなってしまうのである。20キロぴったり納入したメーカーは問屋からの印象は悪くなる。

そこで塚越は少し損になるが、200〜300グラム余分に入れるよう指示した。問屋としては有難い。有難いと思えば、当然伊那食品工業への発注が優先される。まさに損して得取れである。

「損した分は、研究で歩留まりを良くするとか、原料の仕入れを工夫するとかすれば、そんなものは取り戻せます。お客さんに可愛がってもらう算段はいろいろやりました」と塚越。

売り上げを伸ばすために、もう一つ重要な要素があると塚越は強く感じていた。

それは従業員のやる気、いわゆるモチベーションが大事だということ。こんなエピソードがある。

工場で働いていた男性が１人やめた。１９６０年代後半（昭和40年代前半）の伊那食品工業の従業員数は約20人、１人欠けると生産に支障が出てしまうという状況だった。

塚越は北原に声をかけた。

「あいつがやってた分くらいキヨちゃんだったらできるよな。１人入れるまでちょっとの間がんばってくれねえか」

「ああ、いいよ」

「その代わりタダじゃあ申し訳ねえから、あいつの給料分全部っつうわけにはいかんけど、半分やるで」

「そりゃあ、ありがてえ。がんばるよ！」

「悪いなあ」

従業員ががんばってくれることに対して、どのように報いたらいいのか、どうしたら満足してくれるのか、塚越は常に考えていた。その積み重ねが従業員のやる気に繋がっていくと、塚越は疑わなかった。

相変わらず、月産目標を達成したときとか、何かいいことがあったときは、会社でみんな一緒にビールを飲んだ。

そのうち会社に余裕が出てくると、時々外での宴会に発展した。駒ヶ根高原の旅館に仕事が終わってからみんなで繰り出し、思う存分酒を飲み語り合い、そのまま社員全員で泊まってしまい、翌朝みんな揃って出勤するということもあった。

家族のように一つになってがんばって仕事をしようという一体感が、社員全員に芽生えていった。後年、伊那食品工業が大きくなってもぶれずに貫いている〝家族的経営〟は、この頃が原点と言えるだろう。

海外渡航が珍しい時代に、初めての海外社員旅行へ

１９７３年（昭和48年）。塚越は36歳になった。伊那食品工業は緩やかだが、右肩上がりの成長を続けていた。

しかしまだ従業員は総勢22人、伊那の片田舎の一角にへばりつくように、寒天を作り続けている小さな会社に過ぎなかった。

それでも塚越は常に前を向いていた。


この年、これまでにはない規模の設備投資を実行する。海藻を煮て寒天ゲルを抽出する大型の釜を８基、一気に設置した。高さ約３メートル、直径が約２メートルの円筒形の抽出釜だ。この頃伊那食品工業の製品はよく売れていた。

「増産してもっと利益を増やし、楽に働ける設備をどんどん作ろう。そしてみんなで豊かになろう」塚越はワクワクするような思いで、会社の規模を広げていった。

会社が以前より大きくなっても、社員が一つになっていい会社にしていこうという社風

は変わることなく伊那食品工業に息づいていた。この時もそうだった。

なんと社員総出で、8基の抽出釜の設置を4日間で終えてしまったのである。

釜用ステージをコンクリートで作り、釜を設置し、屋根をかけ、配管を施す。もちろん業者と協力しての作業だが、伊那食品工業の社員でできることは何でもやった。例えば配管などもパーツを事前に組み立てておき、すぐに釜に取り付けられるようにしておくなど、知恵を絞って、汗を流し、油まみれになって、希望に繋がる8基の抽出釜を設置した。

みんなで夜の10時まで作業し、女性社員は夕食の炊き出しをした。

北原は、

「自分たちの会社なので、自分たちができることは自分たちでやるのが当たり前だと思った。みんなでやれば楽しい。設備が新しくなって会社がちょっとずつ大きくなっていくのが面白かった」と懐かしそうに振り返る。

「8基の抽出窯の設置を、みんなでやり遂げた。しかもたったの4日間で」

——このことは塚越をはじめ社員に、大きな希望と自信を与えていく。

塚越はがんばって働いてくれる社員に、なんとか報いたいという思いが頭から離れなかった。

社員全員で４日間で８基の抽出釜を設置　1973 年（昭和 48 年）

塚越は北原に言ってみた。

「キヨちゃん、飛行機に乗りたかねえか？」

「飛行機か、いいなぁ」

「今月の出荷目標を達成できたら、みんなで海外旅行いかねえか？」

「海外？」

「香港」

「おお、行きてえなぁ！」

「よっしゃ、行こう！　金は会社が全部出す」

財政的な余裕があったわけではない。

それでも8基の抽出釜を設置したその年に、伊那食品工業は初めての海外社員旅行に出発する。旅行会社が企画した、香港・マカオツアーに全社員22人が参加した。以前から国内の社員旅行には出かけていたが、海外旅行は社員にとって夢のような出来事であった。

その頃、事務員で入社したばかりの黒河内三記子は当時を振り返り、

「海外旅行なんて私の周りは誰も行っていないし、海外旅行に行けるんですって言ったらみんな驚いていました。まだ新婚旅行が九州とかいう時代だったと思いますから。

ともかく海外なんて考えられなかった時代に、連れて行ってもらいました。そりゃ嬉しかったですよ！」

毎日、快適とは言い難い環境で重労働に従事している社員にとって、初めて見る異国、食べたことのない料理、すべての体験がまさに天国のような数日間だった。

帰国して一人の社員が塚越に言った。

「香港、楽しかったなぁ。ありがとう専務（当時の塚越の肩書き）！　嬉しかったよ。また行こうよ専務。俺たちがんばるで！」

塚越は行ってよかった！　と心から思った。

そして社員に言った。

「楽しい旅行だったな、みんながんばったくれたお陰だで。……それじゃ、この先どれくらい利益出るか分からんけど、もう一回行くか！」

「おお！　次は台湾がいいなぁ」

社員は嬉しそうに仕事に戻っていった。

塚越は、決心する。

「こんなに喜んでくれるなら、毎年海外は無理だけど、せめて1年おきに行けるようにしよう！」

社員は〝一生懸命働けば、こんなに楽しいご褒美がもらえる。これからも一生懸命働こう！〟と誰もが思った。

塚越はしみじみと語る。

「社員のやる気が、会社を自然と成長させてくれるんですよ」

この年から実際に国内旅行、海外旅行が交互に毎年行われ、現在まで続いている。

ちなみに伊那食品工場の社員旅行は、現在では社員の手ですべて企画し、全社員約600人（2024年現在）が十数班に分かれて、行きたいところへ行くというのが慣例になっている。

海外旅行の場合一年前から企画が始まり、渡航先、現地での行動、食事などすべての計画を社員が練る。旅行会社に頼らないオリジナルな旅行が、国内も海外も毎回行われているのである。自分たちで考えれば楽しいに決まっている。

行動をともにし、ともに楽しみ、社員同士の絆を深める。そして職場に戻って一生懸命仕事をして、来年の旅行を心待ちにする。楽しみがあるから人はがんばれる。

22人で初めて海外に行った香港・マカオツアーが、その後の会社の成長の原動力の一つになっていったことは間違いない。

理念経営への目覚め
――経営を通して人々を〝しあわせ〟にしていきたい

1974年（昭和49年）、初めて専任の研究員が入社する。

それまで塚越一人でやってきた研究は独学の研究だから自ずと限界があり、しかも多忙で研究に時間を割けなくなっていた。そのため、研究開発の必要性を強く感じていた塚越は、この程度の規模の食品メーカーではなかなか踏み切れない、専任の研究員を置いたのである。

「他と同じようなことをやっていては、結局価格競争になる。そうなれば利益が圧縮され、会社の成長も望めない。研究開発で他にないものを作らなければならない」塚越はそうした危機感を常に抱いていた。

3年後に研究員を1人増やした。その時入社した女性社員の滝ちづるは、短大で栄養学を学び、食品メーカーへの就職を考えていた。ところがオイルショックの就職難のため、当時はまだあまり評判の良くない伊那食品工業にも面接にやってきた。

「私が面接に来た時事務所で待っていたら、長靴を履いて顔に真っ黒い墨が付いた人が入ってきたんです。〝どこの人かな〟と思ったら、〝専務の塚越です〟って」

実質的な経営トップだった塚越だが、肩書きはしばらく専務だった。

「普通の会社だったら、社長とか専務って方は机に座っているイメージですけど、いきなり専務が長靴と顔に墨ですから、ここの会社はピラミッド的な組織ではなく、みんなで協力しあって、みんなでモノを作っている会社なんだなって感じたんです。それでこういう会社だったらいいかなって」

滝が入社した時の社員は36人。その内女性は事務所に2人、研究職に2人の計4人だった。

研究員がやっていた当時の研究は、主に寒天の強度や歩留まりなどの分析だった。研究員を置く前は、塚越が一人で歩留まりを上げる努力はしていたものの、人間の勘で生産していた部分もあり、時には製品にならない不良品が出来てしまったりと、安定した生産状況ではなかった。きちんと分析してデータをとって生産性を上げようとしたり、新しい製品を開発しようと試みる会社は寒天業界では皆無だった。

寒天はまだまだ農産物という位置づけだったのである。

専任の研究員を置いてからもしばらくは、伊那食品工業はまったく無名の会社だった。

滝が証言する。

「サンプルを集めるのにも、とっても苦労しました。サンプルっていうのは、例えば何か新しい製品を作ろうとしたとき､伊那食品で用意できない原料があったりすると､原料メーカーに電話して分けてくれないかとお願いするんです。でも〝どこの誰ですか?〟って言われちゃうんです。だから〝伊豆の伊に那須高原の那に食品です〟って言ったり……」

何社もお願いしてみるが、なかなか好都合のサンプルを譲ってくれる会社は見つからない。研究員が現状を塚越に話すと、〝どこでもいいから手に入れろ〟とは言わなかった。

塚越は研究員たちに、〝原料はきちんとした所から仕入れなさい。安いからどこでもいいということではいい製品は作れない〟と説いた。安ければいい、儲けが出ればいいという目先の利を優先させるような考え方は塚越にはなかった。

従業員数十人の小さな町工場から這い上がるためには、中途半端な経営では決して夢は成就しないと塚越は感じていた。

この頃、塚越は「経営とは。経営者とは」といったテーマの重要性を強く意識しはじめていた。「自分の考えを整理して、書き留めよう」と考え、できたのが〝七十年代の経営者が考える十箇条〟だった。

後年塚越の後を継ぎ、社長に就任する長男の英弘が振り返る。

「その頃、私は小学校４年生くらいだったと思います。筆で書かれて額に入れたものを家族の前に持ってきて、〝できた、できた！〟と興奮していました。それを得意気に家の壁に飾るんです。傑作ができたと思ったんじゃないでしょうか。

〝ほら、お前もよく見ろ！〟なんて言われましたが、小学生には何のことだかさっぱりわからないですよね。でもとっても喜んでいた印象があります」

その時の〝七十年代の経営者が考える十箇条〟は現在遺っていない。

ただ十年後に手を加え八十年代のものが遺っているので紹介しよう。

『八十年代の経営者に必要な条件』

一、プロ意識に徹すること
二、特定の専門分野の他に巾広い一般知識をもつこと
三、革新的思考をし柔軟性に富むこと
四、長期視野に立った問題設定能力を備えること
五、選択能力にすぐれていること
六、国際人であること
七、人間尊重の心を有すること
八、経営に科学的方法を導入すること
九、企業の集団意識の高揚に努めること

十、企業の社会的責任を自覚し企業を私物化しないこと

〝七十年代の経営者が考える十箇条〟と比べて、核心の部分では大きく変わったところはない。塚越はこのような十箇条を記し、自分への戒めとして厳格に守り実行していった。家庭を顧みないとまでは言わないが、家族と一緒に夕食を囲むことは少なかった。休みの日にも会社へ行って、様々な業務をこなした。


英弘が小学生の頃は、結婚する時に半ば手作りで作った小さな家に家族6人で住んでいた。塚越夫婦、英弘の下に妹、弟（現・専務の亮）、それから塚越の母。

「ほんとうに小さな家でした。6畳の茶の間と4畳半の部屋、4畳半が私たち兄弟の部屋でした。あとは台所があるだけ。休日に会社に出かけて行ったのは、たぶん居場所がなかったっていうこともあったんじゃないですか」

英弘は父親としての塚越を、

「ああしろこうしろと言われた記憶はありません。ただ一貫して〝人に迷惑をかけるな〟ということはいつも言っていました。迷惑をかけないことだったら自分の判断でやっていいと。例えば校則も正しいと思わなければ守る必要はない。校則とか世の中のルールはあくまで目安。ルールを守ることが一番良いことではなく、正しいことをする、人に迷惑を

かけないことをすることが大切だ。そうしたことは繰り返し言っていた記憶があります」

塚越が口にするたとえ話に次のようなものがある。

「ある沼の周囲に立入り禁止の立て看板がある。それは危険があるので入ってはいけませんという一つのルールを示したもの。しかしその沼から溺れかけている悲鳴が聞こえたとしたらどうする？　ルールを守って入らずに何もしないのが正しいことか、それともルールを破って助けに行くのが正しいことなのか。

ルールを杓子定規に守って人を見殺しにするのが、人として正しい行いなのか」

〝実を取る〟という言葉がある。周囲の目や体裁を気にするのではなく、本来人はどう生きるべきか、どう考えどう行動すべきかという独自の哲学を塚越は持っていた。

そうした哲学が、伊那食品工業の成長の要になっていく。

〝七十年代の経営者が考える十箇条〟から始まった経営者の心得十箇条は、現在〝二十一世紀のあるべき経営者の心得〟として、掲げられている。


『二十一世紀のあるべき経営者の心得』
一、専門の他に幅広く一般知識を持ち、業界の情報は世界的視野で集めること。
二、変化し得る者だけが生き残れるという自然界の法則は、企業経営にも通じることを知り、総てにバランスをとりながら常に変革すること。
三、永続することこそ企業の価値であり、急成長をいましめ、研究開発に基づく種まきを常に行うこと。
四、人間社会における企業の真の目的は、雇用機会を創ることにより、快適で豊かな社会をつくることであり、成長も利益もそのための手段であることを知ること。
五、社員の士気を高めるため、社員の「幸」を常に考え末広がりの人生を構築できるように、会社もまた常に末広がりの成長をするように努めること。
六、売る立場、買う立場はビジネス社会において常に対等であるべきことを知り、仕入先を大切にし継続的な取引に心掛けること。
七、ファンづくりこそ企業永続の基であり、敵をつくらないように留意すること。
八、専門的知識は部下より劣ることはあっても、仕事に対する情熱は誰にも負けぬこと。
九、文明は後戻りしない、文明の利器は他社より早く、フルに活用すること。
十、豊かで、快適で、幸せな社会をつくるため、トレンドに迷うことなく、いい街づくりに参加し郷土愛を持ち続けること。

常に柔軟に時代へのアンテナを張り、経営を通して人々をしあわせにしていきたいという塚越のぶれない意思の表明板である。

相手を信頼し、相手の利益をも考え、誠意をもって接する

先述の通り、1970年代も寒天の原料である海藻は相変わらず品薄が続いており、何ら解消の兆しは見えなかった。

塚越はこの時期が一番苦しかったと振り返る。

「良質な海藻は、日本ではほとんど買えなくなった時期でした。どうしたらいいか、真剣に悩んだ時期でしたね。転業も考えたけど、余分な金などないし、どうすることもできない。事実上経営を任されている立場なので、自分で決断しなけりゃいけない。相談する人もいませんでした。

1年くらい悩んで眠れない毎日が続きました。腸が動かなくなって、ヤギのような便が出るんですよ、黒い玉のような便でしたね。

そんな苦労が続いていた時、ある人からチリにどうやら原料が豊富にあるらしいという情報が入ったんです」

藁《わら》をもすがる思いで、早速横浜でチリの海藻を扱っている商社を訪ねた。
まずチリ産の海藻を少し分けてもらい工場で試してみた。しかし、日本の海藻と違って粗悪品なども混じっており、望んでいるような質も量も十分に確保することはできなかった。ただ、間違いなく海藻の量は豊富にあるらしい。チリの海岸線は南北４０００キロ、特性や収穫量も地域によって異なるはずだと塚越は考えた。

「一度チリへ行ってみよう！」

そうと決めると塚越は大胆に行動する。
より良質で安定した供給が可能な海藻を求めて、塚越は商社の人間と一緒に地球の裏側に旅立った。塚越が30代前半の頃だった。

伊那食品工業は、海外との取引きがその発展において大きなウエイトを占めており、現在の主な取引国は、チリ・モロッコ・インドネシア・韓国の四ヶ国である。
必ずしも時間軸に沿ったものではないが、海外との取引きの歴史を少し追ってみよう。

最初に塚越が訪れたのがチリであった。
チリではオゴノリという海藻が採れる。寒天にはこのオゴノリか天草が原料として使われていた。塚越たちは海藻を扱う様々な会社を訪ね品定めしていく。

塚越が想像していた通り、海岸線が長いチリでは採れる海藻の質も地域によって異なり、伊那食品工業が原料として使用できる海藻の供給が、可能であるという結論に達した。

そこで壁となるのが値段である。海外との取引きでは特に値決めが難しい。当然のことだが向こうは高く売りたい、こちらは安く買いたい、そんな駆け引きの中でも、塚越は誠意をもって相手と向き合った。すると相手も柔軟になる。

もちろん一回の交渉で事がスムーズに運ぶわけもなく、粘り強く信頼関係を築いていった。

「それぞれの国で多少の価値観の違いはあるけれど、どこの国の人だって同じ人間ですよ。こっちが誠意をもって接すれば通じ合えるものです。必ず相手のことを考えて、相手が損をしないように交渉していきましたね」と塚越は述懐する。

伊那食品工業は本格的にチリからの輸入を始め、原料不足という大きな危機を脱することができた。

しばらく後のことだが、チリの南部産の海藻が届いたことがある。その海藻は泥の付着が酷く、そのままでは使い物にならなかった。しかし質は悪くなかった。おまけに南部産の海藻は値段が安い。そこで塚越は思いつく。南部で採れた海藻を1000キロ離れた北の乾燥地域に運び、そこで洗って乾燥させれば原料として申し分のないものになる。チリ北部にそうした施設を作れば良質の海藻を安く手に入れられる。

塚越はその海藻を全部買う条件で、現地の会社に乾燥工場を作らせた。一時期チリからの貨物船が、伊那食品工業が輸入した海藻でいっぱいになったこともあった。当時日本には寒天メーカーが約40社あったが、チリ産の海藻は特殊な処理技術が必要で、その海藻を処理できる技術を持つのは、伊那食品工業しかなかったのである。

塚越は安定的に確保できる良質の原料を海外に求め続けた。訪れたのは数十ヶ国。南北アメリカ大陸、ヨーロッパ、アフリカ、東南アジア……。


アフリカのモロッコとも伊那食品工業は付き合いが長い。ある出来事がきっかけとなり、信頼関係が強固になった。

モロッコは日本と比べたら規模は小さいが、寒天を製造する国であった。ヨーロッパやアメリカに細菌を培養するための培地として寒天を輸出していた。培養には寒天の特性が最も適しているとされていた。

ある年、モロッコの寒天メーカーが事業拡大のため、日本に製造工場の建設を依頼してきた。それを横浜の商社と大阪の寒天メーカーが組んで建設した。ところが実際に寒天を製造してみると、契約にある生産量が確保できない。いろいろと設備に手を加えてみるが改善に至らず、モロッコの会社はとうとう腹を立て、国際裁判所に提訴してしまった。困ったのが横浜の商社である。そこで塚越のところに泣きついてきた。

塚越は現地に飛び設備を見た。そしてその欠陥をすぐに見抜いて改善案を提示した。塚越のアドバイスに従った結果、契約通りの生産量が確保できたので、モロッコの会社は提訴を取り下げた。

直後から塚越への信頼は絶大になり、元々モロッコとは細々と取引きがあったが、そのことを契機に取引きが拡大していく。コツコツと研究を重ね生産性などを向上させてきた塚越だからこそ、設備の不備を見抜き適切なアドバイスができたのだった。


インドネシアでは塚越のアドバイスが、寒天製造を国内の一大産業にまで発展させることになる。

インドネシアは国民の約9割がイスラム教徒で、1ヶ月続くラマダンでは日の出から日の入りまで一切の飲食ができない。日が沈んでからその日の食事を摂るのだが、いきなり高カロリーの食べ物を体に入れると胃腸への負担が大きく、まず寒天を食べるという習慣がある。人口は日本の約2倍。その消費量は相当なものである。

インドネシア国内でも寒天を製造していたが、日本からの輸入にも頼っていた。伊那食品工業も、そのうちの一社だった。そのような国だから原料の海藻も豊富にある。塚越はインドネシアの海藻事情を確かめに行った。

現地に行くと、海岸線に海水を引き入れた養殖池がいくつもあった。地元の漁師が魚の養殖を主に行っているのだが、海藻もそこで採れた。しかしその養殖池は、海に面したところに1つ目、その奥に1つ目の池の海水が流れ込む2つ目、さらにその奥に2つ目の池の海水が流れ込む3つ目の池が縦に連なるように作られていた。地元の人も、同行したインドネシア政府の人も、「奥の養殖池では、魚も海藻もうまく育たない」とこぼす。

塚越は「これじゃ駄目だ。海水が奥に行けば行くほど、温度が上がる、栄養分も酸素も少なくなる。いい養殖ができるわけはない。ここに水路を作って、どの養殖池も新鮮な海水が入るようにすれば、魚も海藻も立派に育つ」と伝えた。塚越は養殖の専門家ではない。なぜそんなことが分かったのか？

「それは本を読めば分かりますよ。そんなに難しいことではないと思いますよ」

世界の海藻事情を貪欲に調べていた塚越は、そうした書物にも目を通していたのである。

その後、地元の漁師や寒天業者、政府をも巻き込んで、養殖池の改造が行われ、その結果生産性が飛躍的に向上し、インドネシアの海藻生産は一大産業に発展した。塚越もその間何度も足を運びアドバイスをした。

政府も寒天製造会社も漁師も海藻によって潤い、貧しかった漁師は以前よりも豊かな暮らしができるようになった。

後年インドネシア政府は、塚越の功績を称え功労賞を贈った。この時塚越は現地で講演している。この会場に来ていた漁師が質疑応答の場で言った。

「塚越さん、30年前にインドネシアに来て、オゴノリの養殖の指導をしてくれて、ほんとうにありがとう！」漁師は塚越に心からの謝意を伝えたのである。塚越は涙が出るほど嬉しかった。

インドネシアと伊那食品工業は絆を深め、取引きは今も安定的に続いている。


もう一ヶ国は韓国である。

韓国は日本の統治時代から寒天を作っており、戦後も続けられていた。済州島などでいい海藻が採れるため、寒天の質は悪いものではなかった。

塚越はその一社と取引きをはじめる。半製品で輸入し伊那食品工業で加工し製品として出荷するのである。優先的に半製品を確保するため、その会社で作るものは全量伊那食品工業が買い取る契約をした。

ところがしばらくたって、とんでもない粗悪品が届いた。意図的なものではないことは分かっていた。社長の人柄も信用できるし、おそらく製造技術の稚拙さが原因なんだろうと塚越は判断した。塚越はその社長に言った。

「これは普通なら全部返品です。でもそうなったらお宅は大変でしょう。今回はうちで全部作り直します。その費用はいただきません」

伊那食品工業の損失は大きかった。しかし塚越の対応は、韓国の社長を感動させた。その後度々技術指導に行き、社長も社員も一生懸命仕事に取り組むようになり、二度と粗悪品を出すことはなかった。

塚越はこの時のことを、こう振り返る。

「多くの人が、目先の利益をまず考えているんじゃないでしょうか。相手が悪いものを作れば、鬼の首を取ったように怒る。でもその人と長く続けていくことを考えたら、少しは優しくなってもいいんじゃないでしょうかね。こっちだってミスすることはある。お互い様っていうことだってあると思いますよ。私は貧乏したし病気もしたし、その時に受けた人の情けの有難さを知っている。情けをかけてもらったほうは、救われますよ」

海外との取引きによって、原料の安定供給に目途がたった。

今、伊那食品工業の資料室に、全世界から集められたオゴノリと天草のサンプルが数百種類陳列されている。それぞれ違った特性を持ち、それを研究し、様々な寒天製品の基盤を作っていった。

家庭向け自社ブランドのかんてんぱぱシリーズや、業務用として数多くの食品に添加され、食感を整えたり使い勝手を向上させたり、介護の現場では飲み込みやすくするための粘性を作り出したりと、伊那食品工業が果たしている役割は決して小さくない。

そして、チリ、モロッコ、インドネシア、韓国。この4カ国は数十年にわたって今でも取引きが続いている。そして驚くことに、どの国とも契約書をかわしていない。

「お互いちゃんと約束を守っていれば、契約書なんていらないんですよ。外国は契約書文化って言うけれど、そうじゃなくても成り立っているんです。やっぱり信頼関係ですよ。信頼関係を築くためには、自分の利益だけを考えずに、相手のことも考えることが大事なんじゃないでしょうか。技術支援なんかも惜しまなかったですね。相手が成功してくれれば、安定していい製品や原料を供給してくれます。それはうちにも大きなメリットになります。寒天のコストは年々変動するから、年に一度くらいは話し合いの場を持ちます。その程度です。そんなことで何十年もうまくやっています」

〝相手を信頼し、相手の利益をも考え、誠意をもって接すれば、世界中どの国の人たちとも通じ合える〟

塚越の信念だ。

どんなことがあっても、人を泣かせるようなことをしてはいけない

海外との取引きで原料の安定供給にも目処が立ち、業績も順調に推移していた伊那食品工業だが、相変わらず世間の評判は良くなかった。海藻を煮る時に放つ独特の異臭と排水の異臭が周囲の住民を辟易させていた。

長男の英弘は、この頃小学生だった。英弘は証言する。

「誰かに親の会社を聞かれた時、恥ずかしくて伊那食品工業とは言えませんでした」

今ではもちろん、臭いを周囲に放つことはないが、しばらくの間、迷惑会社とレッテルを貼られていた。

そんな状況に追い打ちをかけるような出来事が起こった。塚越がチリに出張している留守中、排水処理施設の攪拌機が故障した。

通常は、海藻を絞った後の水を一旦タンクに溜め、攪拌しながら空気を入れて処理し河川に流す。留守を守っている社員は、塚越が帰国してから対処しようとそのままにしておいた。しかし、攪拌しないで放っておくと、溜まった水が腐りヘドロのようになってしま

う。

　塚越が帰国し攪拌機を修理し、タンクに溜まったものを攪拌し始めた途端、耐えがたい強烈な臭いがタンクから一気に立ちのぼったのである。伊那食品工業から放たれた異臭は周囲の集落をあっという間に呑みこみ、さらに広範囲に広がって、市街地の一部にまで及んでしまった。

　伊那市民を全員敵に回してしまったような一大事である。もちろん丁重に謝罪して回ったが、伊那食品工業に対してのイメージは最悪のものになってしまった。

　このときの苦い思いと、多くの市民に迷惑をかけたことへの罪の意識は、塚越の頭からしばらく消えることはなかった。後年、森林公園のような誰もが自由に出入りできる本社を作ったのは、臭いで迷惑をかけ続けた伊那市民に対しての、罪滅ぼしの気持ちが込められていた。


　人に迷惑をかけてはいけないと常々思っていた塚越だが、異臭騒ぎ以外にも大変な迷惑をかけてしまったことがあった。この時は魔が差したとでも言うのだろうか、塚越は人を欺くようなことをしてしまった。

「一生の反省です。酷いことをしたと思いますよ」と塚越は悔いている。

　すでに商品化されている寒天製品の商標で、塚越の目にとまったものがあった。

「ちょっとしゃれてて、売れそうな名前だったんです」

調べてみると商標登録されていない。塚越はすぐに商標登録して、その名称で製品を売り出した。最初にその名称を使っていた業者がその製品を見つけ、「おたくは酷いことをするね」とクレームを言ってきた。結局その業者は同じ名称で売れなくなり、それが原因かどうか定かではないが、廃業してしまった。

塚越は、

「悪いことしたなあと今でも思います。あんなことをしちゃいかんですね」

その当時、寒天業界は競争が激しかった。そんな中で伊那食品工業も決して安泰ではなかった。ちょっとでも油断したら足をすくわれる。商機を常にうかがっていなければ後れを取る。この時の塚越は、競争に勝つために、相手の気持ちを推し測る余裕はなかった。

「心から反省しましたね。私の汚点です。どんなことがあっても、人を泣かせるようなことをしちゃいけないと強く思いましたね」

人は人生の中で、すべてにおいて常に品行方正である者はいないだろう。

人を傷つけたり傷ついたりすることでその痛みが分かるようになり、痛みによって優しさを深め、人として成長していくものなのかもしれない。塚越も例外ではなかったはずだ。

第3章

【飛躍】

~責任と夢と覚悟と情熱~

社員のモチベーションが上がれば、自然と会社は成長していく

1977年（昭和52年）、塚越40歳。
伊那食品工業にとって大きな転機となる年になった。
伊那食品工業はある新聞広告を出す。
日本食糧新聞、1977年8月16日付けの広告。その全文を紹介しよう。

『〝寒天はもう相場商品ではありません〟寒天は海藻から抽出された天然ゲル化剤として古い歴史をもっていますが、農家の副業として冬期のごく短い間だけ製造されてきたため、通年製造される粉末寒天の製造が盛んになった現在でも、この業界は非常に古い体質をもっています。供給と価格を安定させることが、食品原料メーカーの最も基本的な姿勢であらねばなりませんが、この努力が従来は欠除していたと言えましょう。

伊那食品工業は、業界のトップメーカーとしての自負と責任を果たすべく、原料海藻の備蓄と海外での原料産地の開発、コストダウンの努力、また、品質向上と応用研究等に積

極的な努力をしております。数々のすぐれた特長を持つ寒天を、新しい食品等の開発に安心して御使用下さい』

塚越は旧態依然とした寒天業界に対し、歯がゆさを常に感じていた。そしてそのイメージをなんとか払拭したかった。

農産物の延長という認識では市場を広げるのは難しい。きちんと整備された工場で、安定して良質な寒天を製造できるというアピールをしなければ、寒天のイメージを変えることはできないし、当然伊那食品工業の成長もないと痛感していた。

このときの伊那食品工業は、盤石な安定供給というところまでは達していなかったが、確固たる理想の御旗を高く掲げ、自らも鼓舞しながら理想に向かって突き進む覚悟を、この広告に塚越は込めた。

広告が掲載され、今まで以上に社内に活気が広がっていた矢先、工場で重大な事故が起きた。脱水に使っていた５００キロの重しが女性従業員の足の上に落ち、複雑骨折してしまったのである。

この頃は、寒天ゲルから水分を絞るための重しとして鋳物を使っていた。以前はコンクリート製の重しを使っていたが、寒天ゲルに細かい石が入ってしまうため鋳物に変えて作業していた。ところが鋳物はコンクリートよりも滑りやすい。塚越はその危険性を若干感じていて、最新の脱水装置を設置しなければという考えも頭の片隅にあった。

しかしその装置は非常に高価で、伊那食品工業にとって、簡単に手が出せるものではなかった。仮にその装置を設置する場合、伊那食品工業の生産量を考えると、1台3000万円する装置を、15台ほど導入しなければならない。合計すると4億5000万円になる。当時の中小企業の設備投資額としては、莫大な金額であった。

塚越は悩んだ。悩んだ末に、導入を決意する。

「まさに清水の舞台から飛び降りる思いでした。当然借金して購入するわけですから、果たして返済できるのか。場合によったら、経営が破綻するかもしれないという分不相応の投資でした。しかし社員に怪我をさせてしまうような作業環境で事業を続けても、果たして会社として存続する意味があるのかと思ったんです」

導入した結果、非常に安全で衛生的な工場に生まれ変わった。なにより社員が喜んでくれた。「会社は私たちのことを真っ先に考えてくれる」そんな思いが社員の中でさらに深まっていった。当然モチベーションは上がる。上がったモチベーションによって生産性が上がる。結果的にこの事故を契機に、伊那食品工業は成長の幅を広げていく。

「私は17歳から20歳まで結核で入院していました。人にとって一番大切なのは健康だということを身に染みて感じているんです。健康でなければ絶対にしあわせになれない。そんな思いが決断に大きく影響したんだと思います。

目先の利益ではなく社員の健康を優先させたわけなんですが、動機が善であれば、良い結果はついてくるものだということをつくづく学びました」

心の底から湧き出るような人に対しての優しさが、清水の舞台から飛び降りる勇気を塚越に与えた。


しかし優しさだけで人は救えないということは、塚越は百も承知だ。利益があって初めて人を大切にする土台ができる。

「社員のモチベーション」→「利益」→「会社の成長」→「社員のしあわせ」→「社員のモチベーション」という循環が企業活動では重要だと塚越は考えている。

循環の出発点は社員のモチベーションである。モチベーションが上がれば、自然と会社は成長していく。そこには経営戦略的な経営者の努力は当然必要だが、いくら経営者が号令を掛けても社員が動いてくれなければ話にならない。

研究員だった滝は、こんなエピソードを話してくれた。

「会社っていうのは何かを買うとき、書類に印鑑ついて下から上に上げていくつも判子が押されないと実現しないんだと思っていたんです。そしたら専務（塚越）に〝そんなのうちにはないからね。良いと思ったら必要だと思ったら、一番適した人の所に相談をもっていきなさい〟って言われたんです。

ですからゴーサインが出るのが早く、やっぱりやる気も違ってきますよね。役員以外の社員には肩書きがなかったんです。誰が部長さんだか、課長さんだか全然分からない。縦割りじゃなく、みんなで一緒に仕事しているなあって感じでした」

ちなみに現在も正式な役職は、部長、役員以外は存在しない。

給与体系を決めるために、課長待遇、主任待遇というような区別があるだけだ。

さらに、

「〝必要なものは何でも買いなさい。ただし良いものを選びなさい〟って専務が言ってくれるんです。それで電子天秤を買ってくださった。分析の精度が、飛躍的に上がったのを覚えています」

前述した事務の黒河内も、大切にしてもらった思い出を話す。

「私は事務で入ったんですが、算盤が得意じゃなかったんです。

入社するとき〝算盤が得意じゃないんですが〟と言ったら、専務が〝そうですか、わかりました〟と言って、すぐに計算機を買ってくれて、〝これでやってください〟って。

当時は電卓なんてなかった時代で、大きな機械といった感じのものでした。安くはなかったと思います。それからパソコンの時代になって私が困っていると、マンツーマンで教えてくれる人を探してきてくれたりしました。

こちらが困っている時、何でもわかっていてくれるっていう安心感がありました」

滝は、

「設備投資なんかも、借金がまだまだあって大変だったと思いますが、私たちのためにいろいろとやってくれました。10時と3時のお茶休憩には、みんな疲れているだろうからってお菓子を出してくれたり。

掃除をするときの作業服、雪かきするときの防寒具、長靴、全部一人ずつ支給してくれるんです。ロッカーの中はそんなのでいっぱいでした。

会社がこれだけしてくださっているんだから、何か自分たちでできることがあったら、やらなきゃっていう気持ちになりますよね。研究ものびのびやらせてもらって、成果が出なくても専務は何も言わない。でもかえってそれがモチベーションに繋がっていたんだと思います」

5年先10年先を考え、借金をしてでも未来のために投資する

そんな環境での研究は、1981年（昭和56年）、塚越44歳のとき「カップゼリー80℃（エイティーシー）」という大ヒット商品をつくり上げる。

カップゼリー80℃は、その前身であった三色寒天の改良型である。三色寒天はいちご味、メロン味など3種類の寒天を楽しめる商品として1980年（昭和55年）に発売した。

しかし、寒天の素を沸騰したお湯で煮てから冷やさないと寒天にならなかった。そこで研究員たちは、80℃のお湯を注ぐだけで溶ける寒天の素を研究していたのである。

この手軽さが消費者にうけて大ヒットになった。

伊那食品工業はこうした一般消費者向けの商品に、「かんてんぱぱ」というブランド名をつけた。

「家庭で少し手を加えるだけで、美味しいゼリーや寒天が楽しめます。日頃台所に立たないお父さんも参加して家族みんなで手作りを楽しむ。一家団らんの風景が少なくなっている今、そんな家庭の温かさをかんてんぱぱ商品で取り戻していただきたい」という願いが

ブランド名に込められている。

ネーミング会議には20人ほど集まった。かんてんの前後に何かくっつけようとなって、ホワイトボードに各自思いついたものを書いていった。

ある社員が〝ぱぱってどうですか？〟と提案した。当時ＮＨＫのバラエティー番組の中で〝減点パパ〟というコーナーがあった。そこからの思いつきだったが意外に語呂がいい。

「〝かんてんぱぱ〟か……。いいな。よしそれでいこう」と名前が決まった。

２０２４年現在、かんてんぱぱシリーズは約２００種類を数えるまでに増えた。カップゼリー80℃は、三色寒天に次いで2番目のかんてんぱぱシリーズであった。今でも根強い人気商品として消費者に受け入れられている。

かんてんぱぱシリーズが発売された頃、塚越は工場の増設を積極的に行い、寒天の生産量を年を追う毎に増やしていった。量産することによって価格が下がり、価格競争において優位な立場にたっていく。

伊那食品工業では、一般消費者向けのかんてんぱぱシリーズは、売り上げの柱の一つには違いないが、和菓子メーカーや食品メーカーに納品する業務用寒天が経営を支える上で大きなウエイトを占めている。

塚越は業務用寒天の開発に力を注ぎ、ここでしか製造できない製品を世に送り出し、伊那食品工業は次第に他社が追随できない状況になっていった。

塚越は研究開発について語る。

「みんなと同じことをやってたら、結局価格競争になってしまいます。寒天業界だったら、売り先は羊羹屋さんやお菓子屋さんになりますけど、そこにみんなで行ったら値段で勝負することになる。そうなったら利益が薄くなるのは当然ですよね。別の用途開発をすれば競争がなくなり利益率も良くなります。相手だって新しい用途だから喜んでくれます。ウチは早くから研究開発に力を入れてきました。それが良かったんだと思います」

業務用製品の充実をさらに図るため、塚越は研究員を増やしていった。

他社から転職してきた埋橋祐二も、その一人だった。

後に研究開発部門のリーダーとして研究員たちとともに、数々の特許に繋がる製品を開発し、伊那食品工業の成長に大きく貢献する。

埋橋は、

「私の専門は高分子研究なんですよ。寒天も高分子なんですよ。寒天の分野では高分子研究はあまりされていなかったので、面白そうだなって思ったんです。

ただ奇をてらったような開発は絶対にダメでした。その点、社長（塚越は埋橋が入社した1983年に社長に就任した）は厳しかったです。製品はお客様や世間の人たちに喜んでいただけるか、自分たちが美味しいと思って食べられるか、そういう研究開発が基本でしたね。品質に関しては社長もそうですが、私たちも妥協はありませんでした」

研究開発は余裕ができたから力を入れたわけではない。専任の研究員を社員として採用し始めた頃は、多額の借金によって経営が成り立っていた。それでも塚越は研究開発の重要性を疑うことなくそこに投資した。設備の増設も、その投資によって製品の価格を下げられ、よりお客様の信頼を獲得できるという確信から、決断していった。

塚越の経営に大きな影響を与えた言葉がある。江戸時代の思想家、二宮尊徳の言葉である。

「遠きをはかる者は富み、近くをはかる者は貧す。それ遠きをはかる者は、百年のために杉苗を植う。まして春まきて秋実る物においてをや。故に富有なり。近くをはかる者は、春植えて秋実る物をもなお遠しとして植えず、ただ眼前の利に迷うて、蒔かずして取り、植えずして刈り取る事のみ眼につく。故に貧窮す」

塚越はこの言葉を行動の指針とした。

「社員のために会社を潰してはいけない。そのために利益が必要なんだ。利益を上げるためには会社を成長させなければならない。会社の成長は目先のことだけを考えていたらダメだ。５年先10年先を考え、借金をしてでも未来のために投資する」

塚越には責任と夢と覚悟と情熱があった。

埋橋が証言する。

「毎年何らかの建物が増えていくんです。社長が研究室に来て突然ホワイトボードに書き始めるんです。〝今度はこういう建物を建てて、ここに道を作って……〟って、楽しそうに話すんです。ほんとかなあって思っていると実際その通りになっていく。それが何年も何年も続いていくんです。そのうち私たちもその変化が楽しみになっていきました」

塚越が創業間もないころ盟友である北原に、〝この谷をこの会社で埋め尽くすんだ〟と夢を語った時（58ページ）から25年以上が経過した。

掘っ立て小屋から始まった伊那食品工業は、まだまだ小さな会社だったが、今では伊那市の外れの谷にその存在がしっかりと見えるくらいまでに成長した。

思い返してみると、工場の床は常に水たまりができているような環境で、冬は足先から冷たさが体に這い上がってきて、リウマチのような症状になってしまう従業員もいた。

そんな環境を「長靴よ、さようなら運動」と称して、みんなで一つひとつ改善していった。塚越がアイデアを出してみんなでやる。塚越の提案に従業員たちは進んで残業もした。自分たちの仕事がやりやすくなり健康にもいいんだからと、嫌がる従業員はいなかった。

その日の改善作業が終わると、みんなでビールで乾杯する。

工場がきれいになっていくのを見るのは気持ちがいいものだ。自分たちで改善していくので、従業員たちも我が家のように工場に愛着が生まれる。

〝もっとお金を稼いで、もっと楽に仕事ができる工場にしようじゃないか〟

そんな気概が自然と従業員の中で育っていった。

塚越は言う。

「機械は仕様書以上の能力は出ません。しかし人はやる気になったら、二倍も三倍も能力を発揮してくれます。当然生産性もぐんと上がります。従業員のやる気を引き出すためには、飴を一つ放り投げることじゃない。同じように喜んだり悲しんだり夢をもったり、家族のような連帯感を持てるような会社にしていくことが大事なんだと思います。

誰だって社長の財産を増やすために一生懸命にはなれないですよ。……みんな良く働いてくれました。そんな従業員を見ていると、もっと楽にしてあげたい。もっと夢を持たせてあげたい。……新しい工場を建てる時は、いつもそんなことを考えていました」

狭い谷に伊那食品工業の工場が何棟も並んだ頃、従業員はついに長靴を運動靴に履き替えることができた。

従業員はまだ１００人にも満たない会社だったが、水浸しのあの掘っ立て小屋でひたすら重労働を強いられていた時代からみれば、まさに別天地を見ているようだった。

「人が喜んでくれることをやろう」

――ファンを増やしながら増収増益

伊那食品工業には、化工機部という部署（1985年発足）がある。

本社業務でもなく製造業務でも研究業務でもない、製造機械の開発や修理を受け持つ部署である。なぜこんな部署があるのか？　それは塚越が創業当時から行ってきた〝自分たちの装置は可能な限り自分たちで作る、修理する〟という方針が、時代を経ても残されているからだ。

創業当時は資金がなかったから、仕方なくそうせざるを得なかったという面があるが、ある程度の会社規模になってからも、〝自分たちが使う機械は、自分たちがつくった方が都合のいいものができる〟という考え方から、可能なものは自前で製作してきた。

そこで専門部署として独立したのが化工機部だ。

埋橋が当時を振り返る。

「化工機部ができるまでは、男性は入社するとみんな溶接技術を覚えるんです。一瞬ここは何の会社だったっけ、なんて感じたこともありましたけど、みんな不思議と楽しそうにやってるんです。研究室の社員もやりました。私は溶接はちょっと得意ではありませんでしたけどね（笑）」

〝社員みんなでやる。みんなでやれば楽しい〟という考えが、伝統のようになっていた。世間から見たら、〝社員に何をやらせているんだろう〟と批判されるようなことかもしれないが、当の社員たちは当たり前のことだと受け入れ、しかも楽しんでしまうという社風が根付いていた。

塚越は、

「溶接だって、できるようになれば何かの時に役に立つかもしれない。身に付けて邪魔になるものではないですよね。それは個人個人の人生の幅を広げてくれるかもしれない、つまりあなたの得になることだと思いませんか、という考えを社員に分かってもらえるよう繰り返し話しました。溶接一つとってみても、そこから得られる知識や知恵はその人を成長させると思います」

会社は人間づくりの場でもあると塚越は言う。しあわせになるためには、人としての成長は欠かせないとも力説する。

化工機部として正式に発足する前のことだが、寒天の納品先にみつ豆を売っている菓子業者があった。そこの経営者が、「塊の寒天をみつ豆に入れるため、サイコロ状にするのは一苦労なんです、全部手作業でやらなければならない」という愚痴を、伊那食品工業の社員にこぼした。そうした機械を製造販売しているメーカーはなかった。

それを耳にした塚越は「それじゃあ、その機械をつくってあげよう」となった。塚越が中心となって社員だけで、寒天をサイコロ状に加工する装置を完成させてしまった。

菓子業者は当然喜んで、伊那食品工業に対して一層の信頼を寄せることになった。そして伊那食品工業のファンになった。

「人が喜んでくれることをやろう」これは塚越が大切にしている行動規範だ。

塚越は困っている人がいたら手を差し伸べずにいられない。幼い頃貧乏しているとき、多くの人が情けをかけてくれた記憶が、塚越の人間性の基盤になっている。見返りを求めて手を差し伸べるのではない。相手を思いやるという優しさが先にたつ。その気持ちが相手にとっては何よりも嬉しい。

そして塚越のファン、ひいては伊那食品工業のファンとなっていく。

塚越はファンづくりを大切にした。

「多くの方々に会社のファンになっていただかなければ、会社の経営も覚束なくなっていくんじゃないでしょうか。ファンというと、商品を買っていただく方々ばかりに目が行きがちですが、仕入先の方々などにも気配りをしなければ駄目だと思います。

いつも値引きを強要するとか、納入期限をこちらの都合で押し付けるとか、そんなふうにこちらの立場を振りかざして相手にとって不利な取引きを続けていたら、こちらの悪口を言うようになってどんどん敵が増えていきますよ。

〝この会社がやっていることは正しい〟と思ってもらわなかったら、ファンになんかなってもらえないですよ。一貫して人のためになること、それと周囲に迷惑をかけないこと。ファンになっていただくために、そうした気配りが大切なんだと思います。だけど一朝一夕でファンにはなってもらえない。長い時間をかけて一つひとつ積み上げていかなければなりません。

うちだって臭いで周囲に大変な迷惑をかけたり、名前を横取りして人を傷つけたりした時期がありましたけど、そんな頃はファンなんて誰もいなかったと思いますよ。

〝儲け〟という漢字がありますが、横に分解すると〝信者〟になります。信者をつくれば儲かるということなんじゃないでしょうか。信者はつまりファンです」

ファンを増やしながら増収増益を続けていた伊那食品工業は、様々な業界から注目されるようになっていた。そんな中、大手スーパーからかんてんぱぱ製品を売らせてくれないかと引き合いがきた。役員会では「有難い話じゃないですか、ぜひやらせていただこう」という意見が大半を占めたが、塚越は即答を避けた。

果たして〝身の丈にあうのか〟。

全国展開すれば設備も増設しなければならない。従業員も増やさなければならない。従業員への負担も大きくなるかもしれない。無理な増産をして品質を十分に確保できるのか。仮に大手スーパーの方針が変わって、当社との取引きをやめると言ってきた場合、大きくした生産体制はどうなってしまうのか。新たに雇用した従業員をそのまま雇用できるのか。

また食品業界は売れなければ返品という慣習がある。賞味期限が切れれば焼却処分。そんな無駄をしてもいいのか。

塚越は熟考した結果、その引き合いを断る決断をした。大きく売り上げを伸ばせるチャンスだった。しかし塚越は目先の利益よりも、様々なリスクを考えそれを回避し、少しずつでいいから安定的な成長を選んだ。

「社員のしあわせ」が経営の目的

塚越は新しい工場の建設を模索していた。谷はすでに工場を増設する土地が残っておらず、別の土地を探さなければならない。

塚越は伊那市に工場候補地を紹介してもらいたいと掛け合った。

「その頃は当社の業績も毎年伸びていて、税金面や雇用で伊那市に少しは貢献できていました。伊那市も話を聞いてくれましたが、役所のやることは遅いんです。

そこで〝伊那市で見つからなければ、他に行くしかないですね〟と、こう言ってやったんです。そしたら本気になってくれたんでしょうか、しばらくすると当社のすぐ近くにある赤松林を紹介してくれたんです」

伊那食品工業が操業している谷から西に向かって登りの傾斜が続き、６００メートルくらい行ったところに、交通量がそこそこある地域の幹線道路（広域農道）が通っている。赤松林はその両側に広がっていた。そこは区有林で地元の集落が所有している土地だった。伊那市が間に入り、区有林を借地として使用する契約がすぐにまとまった。

集落の人たちにとっては、年2回整備しなければならない林の管理がなくなり、しかも借地料が入るということで反対意見はほとんど出なかった。その頃は海藻を煮る異臭はだいぶ改善されており、長い間、公害企業と呼ばれていた伊那食品工業に対して、住民たちの感情も収まりつつあった。


塚越は何回も赤松林の中を歩いた。

そこには一本の細い農道が通っているだけで、林の中に入ると昼でも薄暗かった。「さて、どう開発しようか」、赤松林を眺めながら構想を練っていった。

〝赤松をできるだけ残そう。そしてみんなが自然の中で働けるような工場をつくろう〟

塚越はそんなビジョンを描いた。

この「森林の中の工場」という発想は、ある外国の会社から刺激を受けたという。

塚越は原料の調達以外にも、寒天を原料にした製品を売り込むため、しばしば商社の人間と海外へ出かけていた。スウェーデンのウプサラという町を訪ねた時も、寒天を精製したアガロースという製品を、化学メーカーにセールスするためだった。

塚越たちは商談が終わって辞去しようとしたら、「今から帰ると遅くなるから、泊まっていってください」と言われた。塚越たちは好意に甘えてゲストハウスに宿泊させてもらう。

ゲストハウスは、北欧の広葉樹林の中にあった。

「翌朝、泊めてもらったゲストハウスから、林の中を歩いて朝食を食べさせてくれる食堂に歩いて行きました。林の中に会社の建物が点在しているんです。全部その会社の構内です。〝この会社、豊かだなあ〟と思いました。豊かさってこういうことであって、丸の内に高層ビルを建てることじゃないなと思ったんです」

その会社との取引きはほとんどないまま付き合いは途絶えてしまったが、塚越の心に大きな財産を遺してくれた。

「伊那食品工業を、あの会社のようにしたい！」

塚越の夢が膨らんだ。

「スウェーデンで見た会社のような環境で仕事をしたら、さぞ社員も快適に働けるだろうと思いました。それにもう一つ。創業当時、臭いでずいぶん近隣に迷惑をかけてしまった罪滅ぼしの気持ちもありました。森林公園のような工場を作って、誰でも自由に入れる憩いの場となったら、少しは借りは返せるかなとね」

１９８８年（昭和63年）、塚越51歳のとき赤松林の開発が始まった。

塚越がまず行ったのは、何百本も生えている赤松の伐採の選別だった。

工場予定地は更地にしなければならないが、その周囲をどのような景観にするかによっ

開発前の赤松林

て残す木と伐採する木を選別しなければならない。塚越は赤い紐を持って林の中に入り、伐採する木々に赤い紐を結びつけていった。

赤松林の開発が始まった頃の様子を、研究員だった滝はよく覚えていた。

「その日の仕事が終わると〝山作業に行こう！〟って社長が言うんです。これから建つ工場の敷地の下草刈り。社長が先頭に立つと男の人たちが楽しげについて行くんです。

普段から社長は机にふんぞり返っているような人じゃなく、どの従業員とも気さくに雑談をするようなところがありましたから、社長が家長でみんなはその家族という感じだったので変な垣根はなかったと思います」

赤松を伐採する前の木々の間には、鬱蒼《うっそう》と茂っている下草が薮のように生えていた。

「〝これから入る業者が、こうしておけば作業

開発中の様子

しやすくなるだろう。藪のままだと大変だ〟って社長が言うんです。……その通りだなと思いました。

私たち女性は下草刈りには参加しませんでしたが、周囲の草むしりなんかずいぶんやりました。私は毎日の仕事以外に、違うことをやるのが楽しかった。社長が〝行くぞ！〟なんて言うと、〝あ！　行きます！〟って。それで私が他の人に〝行きたい人〟って声をかけると、〝はーい！〟って、みんなが小学生のように手を上げるんです。なんだか遠足みたいで凄く楽しかったんです」

台風などの強風が吹くとまだ細かった赤松は何本も折れてしまう。その折れた場所へ新しい苗木を植えるのも塚越たちがやった。

〝みんなで植えに行くぞ〟と塚越の声がかかると、新しく建つ自分の家の庭を造りに行くような気分で、塚越と社員たちは斜面を上っていった。

塚越は新しく施設をつくる時、必ず出入り口と駐車場予定地の舗装から始めた。それは建設業者が入りやすくするためと、舗装をしていれば、出入りするトラックがタイヤを土で汚さず公道に戻れる配慮であり、世間に迷惑をかけないという塚越の思いの一端だった。まだ何の施設もできていない状況で、出入り口と駐車場は完璧に舗装が済んでいた。

そして1989年（平成元年）、家庭向けのかんてんぱぱシリーズをリパックする北丘工場が竣工する。創業の地からの初めての船出であった。塚越が社長代行で出向を命じられて約30年が経過していた。

北丘工場が竣工したその年の8月、伊那食品工業は社内報を創刊する。翌年の一月号で塚越は『年頭の挨拶』を掲載した。抜粋して紹介しよう。

『明けましておめでとう。年頭に当たり、私の会社経営に関する考え方を改めて申し上げます。三十年前、全く何もなくあるのは借金だけという状態の中でスタートした当社でありましたが、努力の甲斐あってようやく業界のトップメーカーとして又、中堅食品メーカーとしての体裁を持つようになりました。（中略）世の中の景気と関係なく毎年積極的な設

竣工直後の北丘工場（林の奥に見える建物）

備投資をやって参りましたが、いつの場合も単に生産性や生産量の増大のみならず、職場の作業環境の改善を柱とした設備投資だったと記憶しています。（中略）会社の成長は会社の目的ではありません。会社の利益と同じように会社発展の必須条件なのです。会社の目的は会社を構築する人々の〝幸〟のためにあり、単に給与を得るための場であってはなりません。人生の大半を過ごすわけですから職場は人生そのものだと言えると思います。職場環境が悪かったり人間関係が悪かったら人生そのものがつまらなくなるわけで、お互いが努力して職場の環境をよくしたり、楽しい職場づくりをしなければならない理由はここにあるのです。

私は今年から会社のすべての基本を〝楽しさ〟に置こうと思っています。楽しさこそ最

現・かんてんぱぱガーデンウエスト
（門を入って右に本社社屋が後に建設される）

も大切なことだと思います。利益追求のあまり職場が楽しくなくなるような生産効率を考える愚をおかしてはなりません。社員全員が力を合わせほんとの知恵を出すことによって、より高い付加価値が生まれます。ほんとの生産効率は知恵から生まれるのであって、ベルトコンベヤーのスピードアップからは生まれないという人間尊重の経営をしていくつもりです。会社も私生活も全く同じ価値だと全員が思えるような会社、これが私の目指す〝いい会社〟なのです。楽しく、いい会社づくりに今年も励もうではありませんか！』

社員のしあわせが経営の目的であるという明確なメッセージを、全社員に向けて塚越は発した。創業当時はそうした考えを明文化できる余裕などなかったが、振り返ってみれば社員に対して行ってきたことは何ら変わるものではなかった。

塚越の考えはシンプルで明確だ。

「みんなでしあわせになろうよっていうことに、異議を唱えるものはいないですよ。今の言葉で、〝ウェルビーイング〟です。みんなで快適になろう、楽しくしよう、反対するものなんていないです。目指す方向がはっきりしているから、みんなで一生懸命やる。それだけです」

１９９１年（平成３年）には、北丘工場に接する道路を挟んで向かい側の赤松林の開発が始まった。この林の中にまず本社社屋を建てようという計画だ。この土地も地域の区有林だ。

ここの開発においても塚越は赤い紐を持って林に入り、伐採する樹木に結び付けていった。下草刈りや草むしりも相変わらず社員たちは楽しんでやり、建物を建てる前に、ここでも入り口と駐車場の舗装をまず行った。

平凡でいいから社員には「しあわせな人生」をおくってほしい

伊那食品工業が順調に業績を伸ばしてきた背景に、前述したように研究開発への並々ならぬ注力がある。最初に研究部門を置いてから、常に全従業員の約一割を研究職に当てていた。これは食品メーカーではほとんど例を見ない。

塚越は研究室によく顔を出し、思いつきのアイデアを研究員と話し合っていた。

〝こういうものが世の中にあるけど、寒天で出来ないものか〟〝輸入しているものでこんなのがあったけど、研究室でやってみたらどうか〟

塚越の提案は時には研究員を悩ませ、時には研究魂を刺激した。

そんな研究開発の現場で、伊那食品工業の屋台骨を将来にわたって力強く支える大ヒット製品が誕生する。1992年（平成4年）に開発されたウルトラ寒天だ（発売は翌年）。

この寒天は、従来の常識を完全に覆した固まらない寒天だ。

固まらない寒天とは、例えばハチミツをパンにつけると、ベタベタと垂れてしまうことがあるが、ハチミツにウルトラ寒天を添加すると、マーガリンのように塗りつけることができる。ハンバーガーのソースにウルトラ寒天を添加すれば、パンから垂れることも少なくなる。

味を変えることなく、トロミを付けることで食材を扱いやすくしたり、医療や介護の分野においては、嚥下障害の患者が食品や薬を飲み込みやすくするなど、ウルトラ寒天は様々な用途が見込める画期的な製品となった。

実はこのウルトラ寒天、失敗から生まれた産物だった。

寒天の新しい用途開発の途中、たまたま固まらない寒天ができてしまった。完全に失敗作だった。それを塚越は素通りせず、〝もしかしたらこの特性は何かに利用できるかもしれない〟と閃いたという。


こうした閃きは過去にもあった。

創業間もない頃、ある社員が失敗した作業を逆手にとって、業績向上に結びつけた経験がある。

海藻は煮出す前にある処理をしないと良質の寒天にならない。その処理時間を間違えていつもより短くしてしまった。常識で考えるとその海藻は使い物にならない。その頃の伊那食品工業にとっては痛い損失だ。だが塚越は試しに使い物にならなくなった海藻を、煮出してみた。その結果なんと歩留まりが非常に上がった。当然儲けも大きくなる。それをきっかけに赤字も徐々に解消していったという。

固まらない寒天の製品化を目指して、本格的な開発が始まった。

埋橋が証言する。

「社長は矢継ぎ早にいろいろと言ってきますが、一方で結果がでなくても何も言わない。ただ私たちも会社の成長に繋がるような製品を生み出したいので、一生懸命やりました」

モノとして完成しても、安価で量産できる工場での製造法が確立しなければ、利益にはつながっていかない。懇親会や旅行などを通じて、部署を超えた社員同士の交流がある伊那食品工業だから、こうした製品開発をする場合も、研究室、工場、その他の部署の垣根を越えた一体感を伴った連携が、エネルギーの束のようになって目的を達成させてしまう。

失敗作を拾い上げた塚越の機転から始まったウルトラ寒天は、こうして伊那食品工業の主力製品の一つになっていった。

ウルトラ寒天が発売された頃には、社員も約200名になっていた。

北丘工場に続いて、業務用製品の主力工場となる藤沢工場（本社から車で約5分）の建設も始まる。海外との取引きも活発に続けられており、塚越はチリやモロッコ、インドネシアなどを頻繁に訪れていた。台湾の寒天製造会社からは、製造技術指導を依頼され社員を度々派遣したり、インドネシアへもプラント輸出したりと、積極的な国際貢献も行っている。
いつの間にか伊那食品工業は、寒天業界では他社と比較にならないほどの規模を有する会社になっていた。経営の成功が経済界からも注目されるようになり、長野県下での講演依頼も届くようになった。

１９９２年（平成４年）、塚越は、八十二《はちじゅうに》銀行（※長野県に本店を置く、県内トップの地方銀行）が主催する経営セミナーに講演者の一人として壇上に上がった。講演の題名が洒落ている。題して『へそまがり経営』。

企業経営者は、いかに生産効率を上げて利益を伸ばすかが、経営者の優れた手腕であるという考えに大半の人がうなずく中、塚越は〝企業活動の目的は社員をしあわせにすること〟という理念を毅然と訴えた。

現在はそうした経営哲学に賛同する経営者も増えてきたが、当時は寝言のようなことを言う経営者だと陰で批判的な見方をしていた経営者も少なくなかった。塚越は講演の冒頭でへそまがりについてこう話している。

「(要約) へそまがり経営という題は私がつけました。へそまがりについていくつかご紹介しましょう。無駄こそ経営資源だ、大いに無駄をしなさい。伊那食品工業ではＴＱＣ(全社的品質管理) はやってはいけない。月次決算、日次決算いっさい必要なし。決算なんていうものは3年に一度でよろしい。目先の利益を追うな、利益はウンチだ、健康な体なら自然に出てくる。ウンチをするために食うバカがいるか。必要なものはどんどん買え。買うことが企業の発展だ」

こうした考えは、すべて〝社員をしあわせにするために会社は存在する〟という目的に繋がっていく。講演の中で、塚越はへそまがりの詳細を経営者に語りかけていった。最後に、

「価値観を変える時代が来ています。成長がすべてだと思うのではなく中身が問われる。成長は結果であって、健全な会社を作っていれば自然に成長する。利益も結果であって、健康な体を作っていれば自然に出てくる。利益計画なんて空しい言葉だという時代に入ってきたということではないかと思います」

と結んでいる。

塚越はこのへそまがり経営を、終始一貫して行ってきたのである。

「利益は大いに出そう。ただしその目的は社員をしあわせにするため」

根底にあるこの思いは、創業当時から一切ぶれてはいない。だから社員はきつい仕事も、時には厳しい塚越の叱責も苦にすることなく、塚越を信頼し共に歩んできた。

「社長のふところを肥やすための会社であってはいけないんです」と塚越。

社員のしあわせを第一に考えた経営に徹することは、それなりの覚悟がいることなのかもしれない。

「別に覚悟なんてもったことはないです。ただ社員が平凡でいいからしあわせな人生をおくってほしいと願って取り組んできただけです」

伊那食品工業はこの理念のもと、さらに成長を続けていく。

「真の愛社精神」が会社の底力になる

1993年（平成5年）藤沢工場竣工、1994年（平成6年）には北丘工場がある赤松林の一角に塚越は「寒天レストラン〝さつき亭〟」をつくった。

地域の人々の憩いの場として利用してほしいとオープンさせた。林の中で食事をする気分を味わってもらおうとテラス席も設けた。当初は知人で調理師免許を持っている女性が厨房に入った。接客係は社員がつとめて客をもてなした。

メニューもオープン当初は簡単な軽食とお茶類しかなかったが、徐々に料理の種類を増やし、ほとんどの料理に寒天が含まれているヘルシーメニューを提供する、和洋食レストランとして体制を整えていく。そのうち社員が料理を覚えて厨房に入り、このレストランの運営はすべて伊那食品工業の社員が担うようになった。

レストランのスタッフは、後年「ふれあいサービス事業部」が設置されるまで、工場や本社の社員が交代で運営していった。

「接客というのは、お客様の立場にたって臨まないとうまくいかない。それは何事にも相

寒天レストラン「さつき亭」オープン

手の立場にたって考える習慣が身につくんです。そうすると人間的に成長していける。レストラン運営を社員に任せたのは、成長してしあわせをつかんでもらいたいと思ったんです」

塚越はいろいろな角度からしあわせの種を蒔き続けた。

さつき亭がオープンした同じ年、赤松林の間を通っている道路に歩道橋がかかった。この歩道橋、伊那食品工業が発案し出資し、行政に願い出て設置したものだ。公道に民間の手で歩道橋をかけた例は、日本では非常に稀なケースだ。なぜここに歩道橋をかけたのか。

歩道橋がかかった道路は、広域農道という区分になっている道路だが、今では農耕機の通行は少なく、むしろ伊那市や駒ヶ根市を結ぶ幹線道路になっており、朝と夕方は渡るのが苦労するほどの交通量だ。新しく開発している場所に本社が建てられ、北丘工場と本社の行き来が始まることを考えると、道路を渡る社員の安全が心配になる。本社にお客様が来て、北丘工場へ案内することもあるだろう。そんな時に自動車が途切れるまで待ってもらうのは申し訳ないと塚越は考えた。

また本社が建つ敷地に隣接して集落があり、子どもたちはこの道路を渡って小学校へ通っていた。通学時間が交通量のピークで、危ない横断をする小学生が後を絶たなかった。塚越も幾度となくそんな小学生を目撃した。歩道橋をかけたいと思った、大きな理由がそこにもあった。歩道橋がかかると、集落の子どもたちは楽しそうにお喋りしながら、歩道橋を渡って学校へ行く姿が見られるようになった。

歩道橋完成

1995年（平成7年）、塚越が58歳の年に本社社屋が竣工する。

創業の地である、旧本社敷地は沢渡工場と

竣工当時の本社

なった。塚越が伊那食品工業にやってきてから37年が経過していた。

この本社社屋、正門を入って右側に位置する。正門からの道はそのまま本社を通り越して緩やかな斜面を登って奥の林に続いている。

「通常は正門を入ると駐車場があって正面に本社がありますが、私はそれをやらず、あえて奥へ続く道を通したんです。そうすることで公園のような景観が生まれる。それと将来建物を増築するときも、道路が真ん中を通っていれば配置しやすくなります」

現在この敷地には、本社社屋、研究開発棟、美術館（野村陽子植物細密画館）、かんてんぱぱホール、そば処（栃の木）、水汲み場（誰もが自由に中央アルプスの地下水を汲める）が林の中に点在する。

ここを訪れる人は年間40万人を数え、伊那市の観光名所にもなっている。

人によってはここが寒天メーカーの本社敷地だと思わず、美味しい蕎麦が食べられたり美術館があったりする森林公園だと認識している人もいるようだ。形ばかりの正門はあるが守衛はいない。だれもが自由に出入りできる空間になっている。

「開放的な空間にしたかった。何のために守衛を置いているのか、昔から疑問を感じていたんです。来る人はみんな警戒しろと言っているようなもんじゃないですか。来てくれる人には〝どうぞ〟でいいじゃないですか。性善説という考え方が基本にあるのかもしれません。貧乏だったから人を警戒することがなかったんですよ、盗られるものがないですからね」と塚越は笑う。

約3万坪に及ぶ敷地には赤松を中心とした四季を彩る樹木が林立し、その根元は京都の寺院の庭園を思わせるような苔に被われている。春には清々しい新緑、夏には木々がつくってくれる心地よい日陰、秋には鮮やかな紅葉、冬には絵画のような雪景色、訪れる人々は自然の移ろいを楽しみ、何よりそこに勤める社員は自然の豊かさを享受する。

本社社屋が竣工した当時は、まだ本社社屋と駐車場しかなかった。

建設にあたって社屋には冬場の寒さに備えて床暖房を完備した。オフィスはデスクとデスクの間隔を空け、ゆったりとした空間で仕事ができるようにした。工場に目を転じれば、食堂の椅子は安価なパイプ椅子ではない。一脚数万円する籐仕立ての座り心地のいい椅子だ。休憩時間は社員にくつろいでもらいたいと塚越は思う。

工場では創業当時から現在に至るまで、10時と15時には製造ラインを15分間完全に止め全員で休憩を取る。みんなでお菓子を食べながらお茶を飲むのである。お茶菓子代も１人１ヶ月１０００円支給される。

塚越は従業員に対しての細かい気遣いをずっと続けてきた。

まだ沢渡工場しかなかった頃だが、冷房がないため夏場は汗がしたたり落ちる。従業員の健康を考え毎日牛乳を支給した。決してやる気を出させる目的ではない。従業員への思いやりがそうさせた。従業員は水をがぶ飲みするより元気が出ると喜んだ。

こうした気遣いからは真の愛社精神が生まれる。それは伊那食品工業の底力となった。

「いい会社」には〝やさしさ〟と〝厳しさ〟が同居する

快適な職場をつくっていくためには、当然利益をしっかり確保しなければならない。その点塚越は経営者として厳しい面がある。

本社社屋が完成したこの年の最初の社内報で、塚越は社員の意識を引き締めている。世間ではバブルが弾けた後の不況が続いていた。少し長いが全文を紹介しよう。

『社員の皆さん、明けましておめでとうございます。昨年はまさに激動の年でありましたが、誠に幸運なことに昨年の当社は多くの会社が業績を落とす中、逆に大きく業績を伸ばすことが出来ました。私たちの努力がなかったとは思いませんが、理由の大半は、お米騒動や円高、それに水まんじゅうブームのような他力によるものでありました。

たとえどのような理由であっても業績の良いときは、会社は活気もありますし、物は買う、投資は多くなる、慰安旅行もデラックスになる、又交際費も多くなるものであります。

その結果、欲しいものはいつでも買ってもらえるのが当たり前となり、物を節約したり、大切にする社風が消え、コスト意識がなくなり、役所や悪い大会社がもっている大企業病とか親方日の丸病になるわけであります。一度味わったゼイタク病はなかなか治らず、気がついたときには大変なことになってしまっているという、ケースが多いわけであります。

この不況の中で、日本のほとんどの会社が、コストダウンのために「リストラ、リストラ」と云って合理化とスリム化を進めてきたのは、皆さんも充分御存知のことと思います。大変な合理化を、ほんとうに真剣に取り組んできた結果、大方の会社は大変に競争力を身につけたのです。

そんな中で当社は、世の中とはまったく逆のことをやり、快適さの追求と社員のしあわせのためにという大義のために、一見甘いと思われる様々な施策を実行してきました。まさに大変危険なことを自らやってきたわけで、社長として、大変これからを心配しているわけであります。プレッシャーがかかっているのです。

このことは社員全員が認識し幸運に感謝し、自重を忘れないでほしいと思いますが、言うは易く行うは難しと言いますから今年はあえて、社内不況の年と定め、世間と関係のない不況を意識していただき、不況下の経営を人為的にやってみようと思います。

不況ですから、よほどのことがない限り、必要最低限のものしか買わず、ケチに徹してもらいます。

不況ですから、効率を常に考え、仕事のスピードを上げてもらいます。

不況時ですから、不況を脱するために、全員が知恵を出して、より多く売るために多彩な企画を考えていただきます。

不況ですから、行動のタイミングと行動そのものをスピードアップし、〝早く正確にそして速く〟を実行していただきます。

不況時ですから、新人といえども一日も早く役立つ人間になるための、自己啓発をやっていただきます。

不況ですから、成績の悪い人や部門は、やめていただく場合や閉鎖することがあると思っていただきます。これらの意識を高めるために、社員教育と勉強の機会は、本年も多く持つ計画です。

何事もメリハリが大切です。のんべんだらりと行動するよりも、良いときと悪いときと、しっかりと区別し、明確な異なった意識のもとに、全員が、しっかりと行動したとき、本当に真実の不況が来た時にも、びくともしないいい会社になることを、私は確信するものであります。

昔から、良いときこそ、気をゆるめないという意味で、いろいろな言葉が残されていますが、ここでは平家物語の冒頭の部分を思い出してみましょう。

祇園精舎の鐘の声、諸行無常の響きあり、沙羅双樹の花の色、盛者必衰のことわりをあらわす。おごれる者も久しからず、唯春の夜の夢の如し。

また、「勝ってかぶとの緒をしめよ」という言葉もあります。勝ったからかぶとをとって祝い酒を飲むのではなく、更に、かぶとのひもをしめ直し、他の敵にそなえようということだろうと思います。

業績は、お客様あってのことでいつの場合も、お客様に感謝し、全員が、どの部門の人も、営業センスをみがいて欲しいと思います。今、何をなすべきかを、常に考え、仕事を先取りし、仕事に追われることなく、仕事を逆に追いかけることを心がけるべきであります。追うのと追われるのとでは、とてつもなく大きな差があることを、特に今年は、認識して下さい。

いい一年にいたしましょう』

社員をしあわせにするためには利益がいる。利益を上げるためには利益をあげられる体制をつくり、その上で社員に一生懸命働いてもらわねばならない。

塚越はやさしさと厳しさが同居していなければ、いい会社はつくれないと考える。

１９９１年入社の吉川明が証言する。

「そりゃあ日々厳しいです。商売人であって常に算盤をはじいていると思います。でもそれは〝人のためになろう。人に迷惑をかけない行動をしよう。みんなでしあわせになろう〟って目的のためだということを私たち社員は知っています。常に社員のことを考えてくれます。私は総務にいますが、〝もっと社員が喜ぶ福利厚生がないか考えられないのか〟ってよく怒られます。福利厚生だって他の会社にはないものもたくさんあると思います。（2024年現在）毎年行く社員旅行ですけど、海外と国内が1年おきで、海外の年は会社負担だけでも5000万円を超えるわけで、その他に社員全員に全額会社負担でがん保険をかけてくれてますし、スタッドレスタイヤ手当が2万円、車庫に屋根をつける場合（車庫に屋根があると冬場、フロントガラスに霜が降りず凍結しない）の車庫手当が10万円っていうように至れり尽くせりです。

おまけに〝毎年給料もボーナスもあげるぞ〟って約束してくれてるんです。実際に給料とボーナスが下がったことはありません。それだけの利益を出すって、そんなに簡単なことじゃないですよ。それを何十年も続けるって、本当に大変なことだと社員もわかるんです。だからもっと会社に貢献しないとこの体制は崩れちゃう。自分たちも、生半可な努力じゃダメだってことになってくるんです。

ある時当社に見学に来られた方が最高顧問（2019年～の塚越の肩書き）に質問したんです。当社は売り上げなどの数字的な目標がないことをお話しすると、〝数字目標がないのになぜ社員さんががんばれるんですか〟っていう質問に対して、〝人は数字目標がなければがんばれないんでしょうか〟って答えていました。数字目標がなくても、私たちはがんばれていますす」

塚越は何でも社員に話した。吉川はさらに証言する。

「基本的には秘密なしです。事業計画、会社の状況、場合によっては人事までオープンにしてくれます。〝次はこの工場を建てるぞ！〟って、みんなを盛り上げていくんです。社員も自分の会社って意識が、必然的に強くなりますよね」

塚越は伊那食品工業の規模が大きくなっても、家族的経営を貫いている。経営者は親、社員は子という関係性を頑なまでに根底に置いている。がん保険なども家族ならば当然だろうと塚越は考える。

まだ福利厚生でがん保険がなかったころ、社員の一人ががんを発症した。福岡営業所に家族とともに赴任しているAという社員で、その時まだ30歳（取材当時60歳）で、小さな子どもが３人いた。舌がんだった。３ヶ月の放射線治療が必要で、九州大学病院へ入院した。塚越はAに「しっかり治してきなさい」と伝え、当時の専務をすぐにお見舞いに行かせた。Aに渡された見舞金の封筒は、そのままテーブルに立つくらいの厚みがあったという。

「呆気に取られた感じでしたね。専務は、本人も大変だけど、奥さんも大変だからと言ってくれて。こういう時は本人よりも家族の方が精神的にダメージを受けます。そういった時のお金は、本当に有難いなあとつくづく感じました」

塚越は本社で総務に提案した。

「みんなで500円ずつカンパしようじゃないか」

カンパはすぐに集まった。社員の思いが詰まった十数万円は、すぐにAのもとへ届けられた。

「それだけしてもらって、恩を感じない人がいるでしょうか。何かで返さなきゃって気持ちに当然なりますよね」

Aは伊那食品工業に在職している限り、その恩を仕事や会社の行事を通して返そうと心に決めたという。そして塚越の理念を、社員の立場から後進に伝えていくことも、恩の返し方の一つだと考えている。

Aのがんが完治ししばらくすると、がんに罹ってしまっても安心して生活が維持できるよう、全社員に全額会社負担でがん保険をかけるようになった。

「仮にがんに罹ってしまっても、闘おうという気持ちになれますよ」

Aの言葉には、塚越と会社への感謝の気持ちが溢れていた。


21世紀を間近に控え、塚越の身辺は大きなうねりが押し寄せるように、これまでの経営に対して各方面から評価され始め、会社も少しずつ規模を広げていった。

1995年（平成7年）、粉末寒天の製造技術と用途開発によって〝科学技術庁長官賞〟

を受賞。１９９６年（平成8年）、寒天レストラン「さつき亭」の側に、レストランひまわり亭をオープン。オフィス環境の整備によって〝日経ニューオフィス推進賞〟を受賞。リサイクルの推進によって〝農林水産大臣賞〟を受賞。塚越本人は寒天業界の近代化への貢献によって〝黄綬褒章〟を受章する。

塚越は多忙を極めた。この頃のことを現在の社長である英弘が証言する。

「ある時、家で食事をしていたんです。父と母と私の３人。それで仕事の話になりました。父が言うんです。あれもやらきゃならない、これもやらきゃならない。それでこれからはこういうことをやっていくんだ、っていうような話だったと思いますが、まったく休まず働いている父を母が心配して、〝お父さん、そんなことばかりやってたら死んじゃうよ！〟って強い口調で言ったんです。そしたら父が〝一生懸命前向きに仕事をやりながら死ねたら本望だ！〟って返したんです。ちょっと感動しましたね」

１９９８年（平成10年）には創立40周年を迎えた。塚越61歳。まさに働き詰めで突っ走ってきた40年であった。

貧乏時代の証拠写真

塚越には唯一の趣味がある。写真を撮ること。主に伊那市周辺の牧歌的な風景をカメラに収めている。父親が画家であっただけに、構図の取り方が素人の域ではない。

塚越が撮った写真は伊那食品工業の施設の至るところに置かれており、トイレに置かれた風景写真は一種の清潔感を醸し出している。

この頃伊那食品工業では、一ヶ月毎に一枚めくるカレンダーを作り始めた。20センチ四方ほどの小ぶりなカレンダーだ。そのカレンダーを飾るのが塚越の風景写真で、四季折々の伊那谷（※伊那平／中央アルプスと南アルプスに挟まれた南北70キロに及ぶ盆地）が写し出されている。

カレンダーは毎年10万部刷る。それを通販で商品を買ってくれた顧客全員に配る。大型トラック2台分のカレンダーが、毎年暮れになると納品されるという。

塚越は多忙な中、休日に時間を作って一人で近在へ出かける。

春だったら、田植えを終えたばかりの田圃の向こうに残雪を戴いた南アルプスの雄姿、夏だったら、緑鮮やかな稲穂がなびく間を通る一本の白い小道といった、失われつつある故郷の風景を好んで撮影した。

たまに妻の愛子がつきあった。愛子に運転を任せて、塚越はいいカメラポジションを見つけるために、田圃のあぜ道に一人でどんどん入っていく。

愛子が当時を振り返る。

「写真は夢中で撮っていましたね。私もいろんなところへドライブできるんで楽しかった。それで撮り終えて帰るんですが、来たときと同じ道は絶対に通らないんですよ。好奇心が旺盛なんでしょうね。それでどこかの工場が目に入ると〝あの工場の壁の色は良くないな〟とか、〝あの看板は洒落てなかなかいいな〟とかしょっちゅう言ってましたね。いろんなものから学ぼうとしていたんじゃないですか」

カレンダーは伊那食品工業のＰＲという側面の他に、故郷伊那谷の素晴らしさを知ってもらいたいという思いが込められていた。

「通販のお客様は全国にいらっしゃいます。そのお一人お一人に毎年カレンダーをお送りしています。その方々が伊那谷っていいところだなと思ってくださり、一度でも訪ねてこられたら、地域の活性化にも繋がる。一冊のカレンダーに過ぎませんが、地域貢献の一助になってくれればという思いで作らせてもらっているんです」

塚越が趣味として写真を撮り始めたのは、従業員も１００名を超え経営も安定してきてからのことだ。創業からしばらくは趣味を持つという余裕など一切なかった。

ただ伊那食品工業は、塚越が社長代行として入社した頃からの写真が豊富に残っている。掘っ立て小屋と変わりなかった工場（69ページ）、粉末ジュースを作っていた頃出荷前のジュースの段ボールを背景に写した十数人の従業員たち、悪環境だった生産現場（37ページ）、みんなで4日間で設置した8基の抽出釜の工事風景（75ページ）など、社歴を物語る写真だ。

金のない伊那食品工業が、当時は高価だったカメラを買えるわけもなく、写真は町のカメラ屋で塚越が借りてきて撮影した。

「写真に撮っておけば、会社の歴史を話すとき一目瞭然です。今は貧乏だけど必ず良くなる。貧乏時代の証拠写真として遺しておこうと思ったんです」

愛子が当時の写真を見て、

「ほんとに余裕のない会社でした。当然うちにもお金がありませんでした。借金もあったし、家計を助けるために私もずいぶん内職をしました。不安がなかったと言えば嘘になりますが、〝もう前に進んでいくしかない！〟と思いました。夫も必死だったと思います。私も必死でした」

愛子は会社に対して、無関心な妻ではなかった。

「会社のことはちょこちょこ話してくれましたね。今日こんなことがあったとか。だから私も、自分の会社っていう気持ちがありました。従業員の方々が一生懸命仕事をしてくれたお陰で、今があると思っています。夫が時々従業員の愚痴を言うんです。その時は〝お父さん一人でできるの？　従業員がいてくれるからできるんでしょ。従業員のお陰じゃない〟って、私、偉そうに叱るんです（笑）」

長年連れ添った妻だからこそ言える言葉だろう。会社で闘う塚越にとって、愛子の諫言は、陰で塚越を支える有難いものであったに違いない。

第4章

【信念】

～つながり広がるしあわせのカタチ～

「目的と手段」
――社員のしあわせを図りながら社会貢献をする

2002年（平成14年）の社内報の年頭挨拶で、塚越は企業活動の「目的と手段」を明確に述べている。

『（抜粋）日本の失業率が過去最高の5％を越え、失業や雇用問題が大きな社会問題としてクローズアップされるようになりました。ある日突然、自分の責任ではなく職場を失った人間の失意や生活苦を考えると、安定した雇用こそ、人間のしあわせにとって大切なのだ、と改めて私は強く感じます。

〝企業の目的は、売上や利益ではなく、社員のしあわせを図りながら様々な分野で社会貢献をすることだ〟と言い続けてきた私の理念が、失業問題がきわめて重大になってきた今、改めて見直されてきた感がいたします。

社員のために行う諸施策や利益還元は、社員一人一人のモラールを高め、モラールの高さが新しい開発や発見、さらには生産性の向上や会社のイメージを上げていくと私は強く信じています。

人間の営みのすべては、自分たちの生活の向上のためであり、多くの人間が様々な分野で働き考え、行った結果、昔と比べるとずいぶん快適な生活ができるようになりました。企業内でも同じように、月日を重ねるにつれ、より快適で楽しい職場になったり、精神的に豊かにならなければ毎日働く意味がありません。

しかるに最近の企業は、手段であるべき売上や利益を目的とはき違え、厳しいリストラを行って、あるいは、福利厚生をやめ、快適職場をやめ、単に数字上の利益のみを追求するようになっています。目的が何であるかを、見失った悲しい結果が今の日本なのです。（中略）快適さの進歩に感謝しつつ、苦しかったとき、みすぼらしかった昔へ想いを馳せ、さらなる快適さを求めてゆかねばなりません。また私たちがかつて多くの人々の援助を受けたことを忘れず、できる範囲で社会への還元や奉仕を行ってこそ〝いい会社〟なのです。

今この不況下にあって、改めて私たちの目的や行動が正しかったことのしあわせをかみしめ、決して己惚れることなく、今年の決意を新たにしてほしいと思います。人間らしく、高い志を持ちながら……』


企業活動の「目的と手段」は何なのか。

あくまで目的は「社員のしあわせ。社員だけでなく会社に関わるすべての人たちのしあわせ」そしてその目的を達するための手段が、「売上や利益」であると明言する。

塚越は、

「しあわせに生きるためにどうするか、社員をしあわせにするためにはどうするか、そればっかり考えてきました。みんながしあわせになりゃあいいなと思っていました。いろんな理屈は後から考えたんです。働く人たちが〝会社へ来るの嫌だな〟じゃなくて〝また会社へ行けて楽しい〟というふうにするのが、経営者の務めじゃないでしょうか。働きやすい環境でみんな仲が良くて夢があって、という状態を作ってやりたかった」

目的と手段について、現・社長の英弘は、

「経営を継承した時一番大切だと思ったのが、目的と手段のことです。何が目的で何が手段なのか、その考えをぶれずにやっていくことが、一番大事なことだと思いました。例えば法律を守ることが目的ではなくて、世の中が良くなること、人々が安心して暮らせることが目的ですよね。そうしたことを良く見極めることが大事なんだと。物事を判断する上で迷いが生じたとき、目的と手段ということを考えています。〝企業はどうあるべきか、人はどう生きるべきか〟っていう大事なことを思い起こさせてくれます。すると迷いがなくなって進む道が見えてきます」

次男で現・専務の亮は、

「父に凄さを感じるのは、まったく考えがぶれないことです。ほんとに昔から〝社員のしあわせ〟という言葉を、良く耳にしました。そのことをいつも考えているようにも見えました。誰がどう考えても、私利私欲的なところがない。そういうところがあったら、誰もついてはこなかったでしょうね。人として、誰に対しても思いやりのある人なんだと思います。見せかけの優しさではなく本質的な優しさ。人が困っていると放っておけない、何とかしてやろうって思う。そして実際にやってしまう。

父の理念は明確です。それがあるから事業を継承する立場にあって、経営の方向を悩まない。太陽が頭上にあるっていう感覚ですよね。太陽は不変じゃないですか」

塚越は目的と手段について、ある人から影響を受けたという。

塚越が40代～50代にかけて、長野県異業種企業交流研究会という会合に参加していた。そこで代表幹事をしていた、大明化学工業の池上房男氏という人物と知り合う。大明化学工業は主に硫酸バンドという水の浄化剤を生産している企業で、その創業者であった池上氏は、企業活動は人のために行うものであるという持論を、繰り返し訴えていた。

塚越は再三にわたって、池上氏の言葉を耳にした。

「池上さんは南箕輪村の人で、交流会が長野市で開かれるとき、行きの電車で一緒になることが多かったんです。そこでよく聞かされたのが、〝目的と手段を間違えちゃいけませんよ〟ってことでした。

私は伊那近辺の経営者仲間と一緒に電車に乗っていたのですが、私どもを諭すようにお会いする度に同じことを仰っていました。池上さんは、目的は社員をしあわせにすることだとははっきり仰らなかったけど、手段より大切なものがあるよ、それは会社の永続だったり、社会貢献であったり、金儲け以外のものを経営の目的にしなければダメだよというようなことを、繰り返し私どもに話されていました。

その頃私も、目的と手段という明確な線引きはなかったんですが、金儲けを第一に考える経営はしてこなかったという自負がありましたので、池上さんの言葉は、私がやってきたことを、はっきり形に表していただいたような気持ちになりました。間違っていなかったという確信が持てたんです。〝金儲けは手段。目的は人のため〟だという」

企業経営で、〝目的と手段をはき違えてはいけない〟。

塚越は池上氏と出会った頃から、この考えが塚越の揺るぎない経営の根本理念となっていく。

社員をしあわせにするという経営の目的が、はっきりと浮き彫りになった出来事が２００５年（平成17年）に起こった。

寒天が健康や美容に良いという情報が、NHKの『ためしてガッテン』で放映された。それを受け民放各局もこぞって寒天のすぐれた効果を取り上げた。

3／9日本テレビ『ズームイン!!SUPER』、3／17テレビ東京『朝は楽しく！』、3／23日本テレビ『汐留スタイル！』、3／26TBS『王様のブランチ』、4／2テレビ朝日『おかずのクッキング』、6／12フジテレビ『発掘！あるある大事典Ⅱ』。

このテレビの効果は絶大で、全国的に寒天の一大ブームが巻き起こった。市場からはあっという間に溶かせば寒天になる、粉末寒天が消えてなくなった。伊那食品工業には放送直後から、取引き先の問屋などから大量の注文が相次いだ。工場は増産体制にシフトするが、限られた設備、限られた人員では限度がある。需要がはるかに供給を越えた状況だった。こんなとき、千載一遇のチャンスだと大喜びで、設備増設などに走る経営者も少なくないだろう。

しかし、塚越の受け止め方はまったく違っていた。この時のことを塚越は振り返る。

「はっきり覚えていますけれど、ある日の朝礼で言ったんです。〝これは我が社にとってとても不幸な出来事です〟と。なぜかと言いますと、そのブームは他力であって我々の努力ではありません。他力で伸びたものは必ず萎みます。それから有頂天になって必要以上の設備投資をしたり気が緩んだりしますから、ある意味危険な状況だとも言えるわけで、社員には平常心で仕事をしてくださいと言ったんです」

しかし現状は、注文が殺到する毎日が続く。電話で断るだけでも社員は疲弊した。やがて業者ではなく、一般の消費者からも電話や手紙が来るようになる。そのうちの一通に寒天が手に入らず、非常に困っているという手紙があった。その手紙には胃ろう（口から食物を食べられなくなった人が、胃に孔をあけ直接栄養物を胃に入れる医療ケア）を設けている患者が、寒天によって体調維持がうまくいっていたが、寒天を利用できなくなって、生活に支障が出ているということが切々と綴られていた。その手紙を読んだ数人の社員が塚越に直訴した。

「3シフトで24時間やらせてください。うちには在庫はたくさんあるんです。それをリパックするのが間に合わないだけなんです。こんなに困っている人がいるんです。他にもいろんな理由で、寒天を欲しがっている人たちがたくさんいます。その人たちに知らん顔はできません」

塚越は、社員に苦労させることには抵抗があったが、困っている人のためにがんばりたいという社員たちの思いに動かされ、24時間体制にシフトすることを承認した。

伊那食品工業には「何事もみんなで一緒にやる」という社風が根付いている。工場の人員は限られていたので、管理部門、営業部門、研究室の社員たちも、24時間生産体制に加わった。通常の業務をやりながら工場のラインに入るわけで、昼間自分の仕事をした後、夜手伝いにいくのである。研究室長で取締役になっていた埋橋も、リパック作業を手伝った。

　そんな状況が数ヶ月続いた頃、ある取引先の人が塚越に言った。

「おたくの従業員疲れてるんじゃないか、最近顔色が悪いよ」

　塚越はショックだった。

「社員の健康が第一だと思ってやってきた私にとって、その言葉は胸に突き刺さるような思いでしたね。気付かなかった私も情けなかった。それで社員に改めて聞いてみたんです、疲れているのかって。そしたら疲れてますって返ってきたんです」

　塚越はすぐに24時間体制の中止を決めた。

「お客様の健康も大事だけど、自分たちの健康を犠牲にしてまで、やることはないかもしれないなって思いました」

　寒天ブームが始まって約半年後に、伊那食品工業の増産体制は終了する。それからしばらくすると寒天ブームは嵐が過ぎ去ったかのように静かになっていった。伊那食品工業が市場に供給した製品はほとんど消費され在庫を抱えることはなかった。最後まで増産して在庫を大量に抱えてしまったメーカーもあった。売れるからと言って中国産の粗悪品なども日本に入ってきたりして、ブームが去った後の寒天業界は、一時的にそのイメージが悪化した。

多くの経営者は目の前にころがっている大きな利益を前にすれば、増産を中止する決断など考えもしないだろうが、塚越はなぜ迷うことなく増産中止を宣言できたのか。

それは「経営の目的は社員のしあわせ」という、揺るぎない信念があったからに他ならない。「健康でなければ、しあわせも実現できない」と塚越は強く思う。自らが結核という重い病を患い、健康で生きることの尊さを誰よりも心に刻んでいる。

「経営の目的は何なのか、それを常日頃から自分に言い聞かせていました。ぶれてはいけないと」

伊那食品工業は増産した半年で、通常業務では考えられないほどの利益を手にした。

塚越は臨時ボーナスという形で社員を労った。新入社員から役員まで同じ金額を支給した。

「みんな同じ作業をして同じ苦労をしたんです。同じように利益を還元するのは当たり前じゃないですか」

塚越は一生懸命努力した人間に対して、差別なく報いることを決してなおざりにはしなかった。

「年輪経営」
――毎年確実に少しずつでもいいから成長していく

伊那食品工業は寒天ブームの年まで、48期連続で増収増益を続けていた。しかし寒天ブームの年の増収増益の幅があまりにも大きく、その翌年は減収減益になった。

塚越は寒天ブームのときに〝これは不幸なことです〟と言ったように、他力本願での成長を戒め、さらに冒頭でも触れたが「急成長」という状況に対して警鐘を鳴らしている。

「急成長すると必ず反動がきます。そして急成長の要因は、我が社の寒天ブームのときもそうでしたが、多くの場合他力本願なんです。景気であったり社会的な流行であったりね。他力本願にもかかわらず自分たちの実力だと勘違いして、過度な事業拡大を行ってしまった結果、倒産の憂目をみる企業は過去に何社もありました。成長はゆっくりでいいんです。木が年輪を刻むように、毎年少しずつ成長していくのが、企業活動のあるべき姿なんじゃないかと思うんです」

この頃から塚越は経営理念を語る時、「年輪経営」という言葉を使い出す。

冒頭でも触れたが「年輪経営」について改めて記しておこう。「年輪経営」とは木の成長に学んだ理念だ。木はどんな天候であっても毎年成長を続け年輪を刻む。暑くても寒くても自分から成長をやめたとは決して言わず、幹を少しずつ太くしていく。企業経営に置き換えると、景気に左右されることなく毎年確実に少しずつでもいいから成長していくことが、健全な企業のあり方だという考え方である。成長を止めないために、会社が好調の時には100%稼働させるのではなく、余力を残して不景気に備える仕組みを作れば平均的に成長できるはずだと塚越は言う。

さらに塚越は成長の定義について、

「〝成長は売り上げだ〟と考えている人が多いと思いますが、必ずしも売り上げだけが成長の定義ではないと思います。社員のモチベーションが上がったとか、社会貢献が増えたとか、会社を訪れた人がこの会社なんだかいい雰囲気になってきたとか、そうしたことも立派な成長なんだと思います。ですから1年経過したら、多少の波はあったとしても、どこか良くなっているというのが望ましい会社の姿なのではないかと思うんです。売り上げばかりにこだわるのではなく、そうしたことにも視線を向けるのが、経営者として大事なことの一つではないでしょうか」

木が若い時には成長が早いため年輪の幅は広く、成長とともに幅を狭くしていく。幅が狭い部分は堅く強いものになる。木は決して無理に成長しようとせず、ゆっくりと確実に自らを太くしていく。嵐が来ても成長した木は容易には倒れない。企業経営も木の成長のあり方に、大いに見習うべきものがあるのではないか。塚越はそう信じて経営に取り組んできた。

「年輪経営」と「目的と手段」という考え方。それを根本においた経営こそが、経営者が進むべき正しい道だと、長い経験と先達の教えから導き出した塚越の答えである。

塚越は２００４年（平成16年）に、『いい会社をつくりましょう。』（文屋）と題した本を出版した。社員に塚越の考え方をより理解してもらうために、また将来伊那食品工業が経営の方向性を見失わないようにとまとめたものだ。

その本が多くの経営者の目に留まる。その後、経営について塚越と話をしたいと、日本を代表する企業の経営者が伊那食品工業を訪ねた。この時期に伊那食品工業を訪れた主な人たちを列記してみよう（肩書きは訪れた当時のもの）。

２００５年　ブラザー工業株式会社・安井義博会長
２００６年　株式会社イエローハット創業者・鍵山秀三郎相談役
　　　　　　株式会社横浜銀行・平澤貞昭会長

株式会社八十二銀行・成澤一之会長
三井住友海上火災保険株式会社・井口武雄会長
2008年　株式会社村田製作所・村田恒夫社長／国内の全役員
帝人グループ・大八木成男社長

その他、塚越の話に耳を傾ける経営者が、次々と伊那食品工業を訪ねた。

そんな最中、世界の経済界を震撼させたリーマンショック（2008年）が起きた。伊那食品工業も、経営に深刻な影響を及ぼすほどではなかったが売り上げは落ちた。さらに寒天ブームの翌年2006年（平成18年）からの減収は、2008年（平成20年）も続いていた。

当時専務だった英弘は、

「うちはずっと2％ほどの定期昇給を続けていました。でもその年は3年連続で減収減益だし、リーマンショックで、給料を上げるなんて考える企業はほとんどなかったくらいですから、うちもこの年だけは申し訳ないけど1％くらいでお願いしてみよう。上げないわけじゃないから、社員も分かってくれるだろうと考えました。それを担当の役員と一緒に、会長（当時の塚越の役職）のところへ持っていったんです。そしたら〝例年通り上げろ。

人件費を削って経営するのは誰でもできる！〟って、一喝されたんです」

塚越は〝経理上は経費には違いないが、人件費は目的そのものだ〟と言う。働く目的の一つにお金を稼いで不自由のない生活をしたい、たまには贅沢もして人生を楽しみたいと誰もが思っている。だから人件費を減らすことは、社員がしあわせになる要素の一部を奪う結果になる。経営の目的を人々のしあわせと考えたら、人件費を経費削減の一項目として捉えてはいけない。経営の目的は何であるのか、塚越はどんな状況でもその信念を守り抜く。

塚越は時々こんな言葉を耳にする。「伊那食品工業さんは余裕があるからできるんだよな」と。

人のため社会のためにとお金をかけて伊那食品工業が何かを行ったとき、そのような言葉がどこからともなく塚越の耳に流れてくる。しかし塚越は借金があった苦しい時代も、社員が快適に仕事ができるよう職場環境を整えたり、社員旅行などで楽しみをつくってあげたり、余裕などなかった時代からさらに借金をしてまで必死に社員のために取り組んできた。

その結果、社員のモチベーションが上がり、生産性が上がり、利益が上がり、少しずつ会社が成長してきたのである。何を目的に経営するのか、そこをぶれさせずに真っ直ぐ進んできた結果が今である。

塚越は、へそまがり経営でも触れていたが、〝利益はウンチ〟と言う。

「ウンチを出すために生きている人間はいません。健康な体だったら自然にウンチは出ます。出そうと思わなくても出ます。会社も健康な状態だったら、自然に利益は出るものだと思います。だから利益を出そうと思ったら、健康な会社をつくればいいんです。健康な会社とは、バランスのいい会社ということではないでしょうか。人間の体だって、脂肪や筋肉や血液がバランスよく機能しているから、健康が保たれるんでしょう。会社も製造、販売、開発などがバランス良く働いていれば、会社の体質は健康的で強い状態を維持できるのだと思います。ウンチという結果を求めるのではなく、まずいいウンチを出せる仕組みづくりを考えるべきだと思います」

創立50年を迎えて

リーマンショックで世間が揺れていた２００８年（平成20年）、伊那食品工業は創立50周年を迎えた。大きな節目となったこの年、約１８００人を招待して、敷地内でガーデンパーティーを催した。

塚越は感慨深そうに振り返る。

「50年も経つと、いろいろな人にお世話になってきたなあと思いました。皆さんをお呼びして、改めて感謝の気持ちを伝えたいって考えたら、１８００人になっちゃったんです。そんな大勢入る会場なんて伊那にはないから、ガーデンでやろうってことになったんです。有難かったですねえ。この人たちに支えられて、ここまでこられたと」

この日は社員が総出でガーデンの中にいくつもテントを張り、食べ物や飲み物を用意し招待客をもてなした。

「天候の心配もあったんですが、なんとかなるだろうと腹をくくったら何とかなっちゃいましたね。それにしても50年、いろいろなことがありました」

塚越は71歳になっていた。

50周年の記念事業として、研究開発棟「R&Dセンター」が竣工した。本社社屋側のガーデンの正門を入って、150メートルほど緩やかな傾斜をのぼった一番奥に、5階建ての真新しい研究の場が誕生した。

この時のことを研究員だった滝が語ってくれた。

「ガーデンの一番高いところに建てられたので、眺めがいい環境で仕事ができるようになりました。私たちは、最高顧問（塚越）から、新しく研究する場所をプレゼントしてもらったという感覚でした。本当に嬉しかったです。と同時にこの環境をみんなで維持していかないといけないなと責任も感じました」

このR&Dセンターは、この頃の伊那食品工業の規模から考えても、少し贅沢な広さで設計されている。人員が増えるという将来への備えと、せせこましいところでは、いい発想も浮かばないだろうという塚越の配慮だ。

塚越は何事においても〝その先〟を念頭に置いて判断していく。三方よし（※売り手よし、買い手よし、世間よし）という言葉があるが、塚越はこれからは四方よしでなければいけない。〝将来よし〟という時間軸を入れないと、将来にわたって人をしあわせにしていく経営はできないと語る。

R&Dセンターは、伊那食品工業がこれからも年輪経営を着実に実行していくための、要となる重要拠点となった。

50周年の記念事業で、社員にとってワクワクするような企画があった。

これまで海外、国内の社員旅行を1年毎に繰り返してきたが、海外は比較的近いアジアなどに行っていた。50周年の記念旅行では、ヨーロッパへの4泊6日の旅行を会社はプレゼントした。ドイツ、パリ、ローマ、ニュージーランド（社員の希望で北海道や沖縄それぞれ4泊5日のコースも作られた）。

この時は9月から11月にかけて、13班に分かれてそれぞれの班が旅立った。ルールは一つ、1回だけみんな揃ってのパーティーを現地で行うこと。後はグループごとに自分たちで計画し、好きな場所へ好きな時に行っていいという、自由気ままな社員旅行である。

例えばこの時専務だった現・社長の英弘は、ニュージーランドへ行った。

ある一日、クライストチャーチからクイーンズタウンまでの約500キロを、思い思いの乗り物で移動しようという計画を立てた。バイク好きだった英弘は社員5名とともに、大型バイクをレンタルして500キロを一日で駆け抜けた。

吉川は社員旅行について、

「人にやらされている感は一切ないです。つまらなかったら自分たちの責任ですし。新入社員の中には最初は〝旅行はいいです〟っていう興味なさそうな人間もいますが、一度行くと〝また行きたいです〟って必ず言います。普段行けないところに、ある意味会社からお小遣いをもらって行けるわけです。夜はお店に迷惑をかけない程度に、ドンチャン騒ぎで大盛り上がり。楽しくないはずがないんです」

またある社員は、

「〝行かされている〟っていう感じじゃなくて、自分たちで〝行く〟っていう感覚なんです」

とも言う。

コースは予め旅行担当の社員が、パリ4泊6日、ローマ4泊6日という具合に決めて、それぞれのコースに参加希望者を募る。

コースによっては、定員オーバーになる場合もあるため各職場で調整する。この頃社員数約450人。大所帯である。企画から旅行当日に至るまでの様々な準備を考えると、一大イベントである。〝旅行が楽しみ！〟というモチベーションがなければ、〝また行きたい〟と思えるような旅行など実現できるわけがない。「楽しみを社員につくってあげたい！」という創業当時からの塚越の意思が、50年経っても色褪せることなく伊那食品工業に生きていた。

450人もいると、中には子育てや親の介護などで、どうしても旅行に参加できない社員が出てくる。塚越はそうした社員を気遣った。吉川は、

「〝行けなかった人はどうしたら行けるかなあ。どういう旅行だったら行けるかなあ〟って、

心配してくれるんです。〝日帰りだったら行けるんだろうか、一泊だったら行けるんだろうか、行けなかった人全員に聞いてみろ〟って言うんです。それで、高級料理屋さんで夕食会だけやるとか、一泊旅行に行ってくるとか、ご自分（塚越）で先導して連れていくんです」

まさに、「優しいという字は、にんべんに憂うと書く。優しさというのは、人を心配し思いやること」と主張する、塚越の優しさが実践された一例ではないだろうか。

ちなみに〝優しい〟という字の解説の後には、冒頭の豊田章男氏の言葉でも紹介したが、「人を憂うことに秀でたと書くと、優秀という字になる。思いやりに優れた人が優秀な人」と繋がる。

塚越はこの50年、必死に会社を守り抜いた。守らなければ社員が不幸になる。そのために時には社員も叱った、人に迷惑もかけた、利益になるんだったらと貪欲にもなった。

しかし私利私欲ではなく「すべては社員のしあわせのため」という大前提があった。社員をしあわせにしたいという意識の根本は「優しさ」だ。塚越の優しさが、社員が快適に仕事ができるよう職場環境を整え、楽しみをつくり、安心して働けるよう福利厚生を手厚くしていった。実にシンプルである。すべて優しさという幹から伸びた枝葉である。枝葉を伸ばすには肥料（資金）がいる。塚越は、

「利益はそれ自体に価値はない。利益をどう使うかによって初めて利益に価値が生まれるのだと私は思います」

と明言する。

社員旅行に毎年数千万円の資金を、伊那食品工業は当たり前のように投入している。経営者によっては数千万円あったら、設備を増設するとか内部留保を増やすとか、あるいは経営者の個人的資産を肥やすとか、社員のために使うなどもったいないと思う人もいるのではないだろうか。しかし塚越は惜しげもなく社員のために使う。こうして50年間やってきた。そして50年後の姿となった。

吉川は楽しげに言う。

「うちの旅行は面白いですよ。香港で仮装パーティーやったり、一度は伊那市駅から新宿まで、お座敷列車をチャーターして飲めや歌えの大騒ぎしたり、最高の贅沢をしようっていって、帝国ホテルに2泊したりしました。

何回か最高顧問（塚越）と、一緒の班になったことがありました。どこかの施設に行くと粗探しするんですよ（笑）、〝ここが汚れている、ここの整理整頓がなってない〟とか、〝なんでこんなに使いにくいんだろう、この扉はこっちにあった方がいいのに〟とかね。ホテルに行けば、〝この部屋はいい部屋だなあ〟と思えば、ご自分で歩いて歩数を測って長さを書き留めて、〝こういうスペースはこのくらいの面積があればいい〟というふうに、何か自分の会社に活かせないかと常に思っているんです。

私たちにもゲーム感覚で〝自分たちの目を鍛えるために粗探しをみんなでやろう〟なんて悪ふざけしたりもします。……最高顧問からはいろいろ学ばせてもらいました」

長く営業職でがんばっている伊藤勉も証言する。

「計画を立てている時から、無茶苦茶楽しいです！　ラスベガスで大負けしてたんです。靴の中に隠しておいた最後の金を全部かけたら、負けていた分が全部戻ってきたり、グランドキャニオンを飛行機で飛んだ時は〝こんな壮大なところが地球にあるんだ〟と感動したり、フィジーでゴルフ三昧したり。最高顧問の班に入ってサイパンでゴルフした時、おんぼろの貸しクラブで最高顧問より飛んだ時は最高の気分でした。あれは一生の思い出ですね。

社員旅行ってプライベートじゃないのに、どうしてそんなに楽しいんですかって聞かれることがあるんですが、プライベート旅行と社員旅行、何が違うのって感じなんですよね。会社が家庭の延長線上のような感覚ですから、境目がないんです。いつも計画している時考えるのは、〝無茶苦茶楽しいことを、もっとしようよ！〟って。うちの社員旅行はそんな感じなんです」

特定の社員だけが吉川や伊藤のように感じているわけではなく、楽しさの種類は違っても全社員が毎年秋に実施される社員旅行を心待ちにしている。

そのモチベーションが伊那食品工業の成長を止めない、大きな原動力の一つとなっていることは間違いないだろう。

「この人について行けば安心だ」

２００９年（平成21年）には塚越の2冊目の単著、『リストラなしの「年輪経営」』（光文社）が出版される。前作の『いい会社をつくりましょう。』（文屋）とは別角度から、塚越の経営哲学を紹介しており、経営のバイブル的著作となった。

冒頭でも紹介した２０１５年度の内閣府の事業として英訳され、北米を中心とした大学や主要図書館などに無償配布された一冊がこの著書である。ちなみに英訳時のタイトルは『Tree-Ring Management ～ Take the Long View and Grow Your Business Slowly ～』。塚越の経営哲学が日本を代表して海を渡った。

塚越の著書が多くの経営者の目に留まり、経営のあり方を見直そうという動きが全国でみられるようになっていった。その象徴的な出来事が２０１０年（平成22年）に塚越が特別講演者として招かれた、第45回オールトヨタＴＱＭ（Total Quality Management）大会だろう。この大会はトヨタ自動車をはじめとする関連企業13社が一堂に会し、活動の発表や講演などで経営を見つめ直し、さらなる発展を考えていくトヨタグループの重要な大会である。豊田章一郎名誉会長や豊田章男社長（共に肩書きは当時）などトヨタ自動車役員の他、トヨタグループの役員、部長以上の幹部社員など、総勢3500人が参集した。トヨタグループという巨人を前に、塚越は自らが実践してきた経営理念や会社の取り組みを訴えた。長野の伊那市にある中小企業の経営者の言葉に、世界に冠たる企業の幹部たちが真剣に耳を傾けた。

〝企業活動の目的は、人々をしあわせにすること〟という、何十年も言い続け実践してきた塚越の経営哲学が、巨大な巌のような組織の人たちの心を揺さぶった。

「トヨタさんが変われば､日本の企業が変わりますよ。優しい世の中になってほしいです」と感慨深げに塚越は講演を振り返った。

塚越の価値は、自らの主張（理念）が何十年もぶれないことにある。

2011年（平成23年）の社内報さつきは、そのことを社員に訴えている。全文を紹介しよう。

『社員の皆さん、明けましておめでとうございます。新年の挨拶文を書くために久しぶりに過去の〝さつき〟を広げて、私自身びっくりしたことがあります。私の言っていることが、十年前も二十年前も何も変わっていないということと、古さを感じなかったことです。日本でもあまり例がないかもしれません。今年は2001年（十年前）の年頭に当たっての一文を載せ挨拶とします。

【さつき2001年新年号より】

当社が行ってきた企業イメージ向上運動や、5Sの徹底、更には「いい会社をつくりましょう」という、社是の実現のためにみんなで行ってきた毎日の地道な努力と、安定した業績と成長が、最近各方面から大変評価されるようになりました。

全員が毎日取り組んでいるファンづくりが実を結んでファンが多くなってきたのも原因ですが、そのファンの中に、有名な大学の先生や社会的に影響力のある方々が沢山居られ、宣伝してくださっていることも理由の一つだろうと思います。そのことは大変嬉しいことですが、ともすると実力以上に評判になったり、その評判を聞いて、自分達もつい実力以上の自己満足に陥ったりしがちです。これが大きな落とし穴になることの例は世間にはずいぶんと多くあります。

会社を成長させる要因はいろいろありますが、経営力がすぐれているという場合より、時流に乗ったとか、景気の上昇時であったとか、運が良かったとかによる場合の方がずっと多く、つい自分の実力だと思いがちなのが会社経営の常なのです。

当社の場合、最近の10年間の成長は、まさに寒天のイメージアップと共にできた成長であり、食物繊維ブーム、またダイエットブーム、更には流通業界の変革の中で、当社にプラスすることが多かったということであろうと思います。運が良かったというだけの話です。

多少、先見力や布石の点で自慢できることもないわけではありませんが、幸運だったと思われることの方がはるかに大きいということなのです。

過去の栄光を自分の力と誤解し、過大な投資や、急成長を急ぐ仕組みづくりをしてしまい、それが原因で倒産をしたり、それに近い苦しみをしている企業を私は多く知っています。

いつの時代も、会社が置かれている環境が変わっても、経営手法や経営者の心すべきことに大きな変わりはないと私は確信します。すなわち、経営も自然体が正しく、本来あるべき姿を認識し、主人公である人間を尊重し、成長も利益も永続のための手段だという認識が大切だと思います。私たちが最も重要視する「永続」は、常に穏やかで、確実な右肩上がりの成長を必要とします。たとえわずかでも、堅実な成長が不可欠なのです。

毎年毎年、低成長であっても確実に右肩上がりにするためには、種まきを毎年行うとか、変革を行うとか、開発力を磨くとか、社員教育を高めるとか、生産技術や営業技術を常に磨くとか、すべてにわたってバランスを取ることも大切です。これらのことが確実に実行されてこそ、毎年少しずつ確実に成長できるのですから、低成長を毎年ということは逆に非常に難しく、経営力を必要とします。むしろ時流に乗ったわずか二〜三年の急成長の方が易しいわけです。マスコミは、急成長したケースばかり取り上げ、話題にし賞賛しますが、長期にわたる安定成長こそ、賞賛されていいというのが私の持論です。

当社は、今までずっと確実な低成長をなしとげてきましたが、これは今後も変わらないでしょう。そのためにこそ、最近の評判におぼれることなく、あくまでマイペースで、しかも新世紀元年といえども、平常心で、当たり前のことをきちんと行いたいと思うのです。いつの時代も驕《おご》ることのないように、そして卑屈にもならず、前向きに、理想を目指したいものです。

「いい会社」とは、とてつもなく高い理想の会社ですから、とても難しい目標です。難しいからこそ、私達が永遠に目指す価値ある目標なのです。目標に一歩一歩近づいている「あかし」として、昨日より今日、今日より明日がどこか良くなっていなくてはなりません。

福利厚生、給与、作業環境や精神衛生面で、着実に私達は進歩しているでしょうか。どうかお互いが常にチェックし、上司に建設的な意見を出して下さい。今年も、お互いが人間的に成長すると同時に、少しでもいい会社になるように、お互い努力を致しましょう』

こうした塚越の主張は、２０２４年現在に当てはめてもまったく古さを感じさせない。

会社が一つにまとまるためには、経営者の考え方にぶれがないというのが重要な要素だ。船長の判断が右を向いたり左に傾いたりしていては、乗組員は船長を信用しなくなり、危険を感じてその船を降りてしまうだろう。

総務の吉川は言う。

「この人について行けば安心だ、という気持ちですよ」

社員に語り続けた〝人がしあわせになるための考え方〟。語り続けたからこそ幹は徐々に太くなり、遠くからでも見える大木となった。その大木は会社経営だけのことではなく、〝人はどう生きるべきか〟という人の生き方の目印にもなり得るものなのかもしれない。

そしてこの年２０１１年（平成23年）に、塚越は旭日小綬章をも受賞することとなった。

意気投合する「売上25兆円」企業と「売上200億円弱」企業のトップ2人

２００９年（平成21年）に出版された『リストラなしの「年輪経営」』（光文社）をきっかけに、塚越へのマスコミからの出演依頼も増えた。

２００９年にＮＨＫ「経済羅針盤」、２０１２年（平成24年）には著名なタレント（司会者）からオファーがあり、そのタレントがパーソナリティーを務めるＴＢＳラジオの番組に出演。以前より塚越の経営理念に感銘を受けており、「ぜひ塚越会長（当時）に、ご出演いただき対談したい」と自らこれを企画したという。

２０１２年にはもう一本、テレビ東京の『カンブリア宮殿』に出演した。この番組は経済番組として認知度が高く、多くの優良企業が取り上げられている。塚越は経営理念を中心に話し、社員のしあわせを実現する伊那食品工業の様々な取り組みの様子なども紹介された。

２０１３年（平成25年）、トヨタ自動車本社から伊那食品工業へ連絡が入った。

「弊社の社長（豊田章男氏／当時トヨタ自動車代表取締役社長）が塚越会長（当時）とお会いしたいと申しております。伊那食品工業さんへ、こちらからお伺いしたいと思っております」

２０１０年（平成22年）のオールトヨタＴＱＭ大会で塚越が講演を行って以来、塚越とトヨタ自動車との交流が生まれていた。

その時は生憎都合があわず、豊田章男氏（以下／章男氏）の伊那食品工業訪問は実現しなかったが、それから約１ヶ月後、章男氏はトヨタ自動車に塚越を招いた。当時専務だった英弘も同行した。

章男氏はトヨタの作業ジャンパーを着て塚越を迎えた。塚越が招待へのお礼をいうと、章男氏は開口一番、

「塚越会長のファンですから」と言い、塚越も、

「いえいえ私こそ、章男社長のファンですから」と返し、実に和やかな歓談が始まった。

対談というより歓談という言葉が相応しい雰囲気だった。章男氏は、

「年輪経営というお考えはほんとうに素晴らしいです。私も社内で使わせていただいています」と改めて塚越に伝えた。

章男氏はトヨタ自動車の労使協議会で、「私に〝年輪経営〟を教えてくださった伊那食品工業の最高顧問の塚越さん」と公の場で発言しているように、塚越の経営哲学は、巨大

トヨタ自動車で豊田章男氏と共に（前列右塚越、後列右英弘）

な企業体の舵取りにも重要な指針であると考えていた。

歓談が終わり、章男氏は地下の駐車場まで塚越たちを送ってきた。塚越の愛車はレクサスだ。運転手の社員が車を持っていくと、

「トヨタの車を使っていただき、ありがとうございます」と礼を述べた。

「またお会いしましょう」と塚越は挨拶し、トヨタ東京本社を後にした。

翌年２０１４年（平成26年）に二人は再会する。ＰＨＰが発行する『松下幸之助塾』で特別対談を行った。タイトルは「永遠に終わりがない企業をめざして――『年輪経営』談義」。人々をしあわせにする理想の

経営とはいかなるものか、二人は大いに語り合った。

〝会社が成長すると世の中がよくなるのが理想〟

〝労使ではなく同志で協力〟

〝ファンを増やそう〟

〝末広がりのしあわせをめざす年輪経営〟

〝遠きをはかるものは富み、近きをはかるものは貧す〟

〝自分を忘れて他人を利する会社が生き残る〟

以上のような内容で話が交わされたが、かたや売上25兆円、かたや売上200億円弱（両社とも売上高は2014年当時）のトップ二人が意気投合して語り合えるものだろうか。規模や業種などすべての状況を超越した真理が、そこに見えてこないだろうか。

塚越寛と豊田章男という人物は、「経営とはどうあるべきか。人はどう生きるべきか」といった永遠のテーマに対して共通の答えをもっているのかもしれない。

その後トヨタはグループをあげて、塚越の経営哲学を学ぶべく伊那食品工業を訪れたり、塚越に講演を依頼している。2015年（平成27年）デンソーTQM大会（講演）、2015年全国トヨタ販売店基礎強化活動発表会（講演）、2015年トヨタ・モーター・

アジア・パシフィック（来社）、２０１６年（平成28年）トヨタ車体（社長・幹部来社）、２０１６年豊田通商（社長・幹部来社）、２０１７年（平成29年）トヨタ自動車（副社長・幹部来社）。

塚越が率いる伊那食品工業は、経済界から大きな注目を集めるようになった。

どのようなルートで塚越を知ったのか、２０１５年には当時の日銀総裁の黒田東彦氏も伊那食品工業を訪れている。

塚越はガーデンを案内し、理念を語った。お昼少し前だったので、さつき亭で弁当をつくり黒田氏一行に渡した。

「美味しくいただきました」と黒田氏からのお礼の手紙に一言添えてあった。

合言葉は「みんなでしあわせになる！」

２０１９年（令和元年）、副社長になっていた英弘が社長に就任する。と同時に塚越は代表取締役会長を退き最高顧問に就任し、経営の第一線から退いた。61年間駆け抜けてきた、伊那食品工業の経営を長男である英弘に渡したのである。塚越は82歳になっていた。

第一線から退いたものの61年間通い続けた会社へは、毎日同じように出社する。新社長英弘に気を遣いながらも、気になるところがあったら社員に小言をいい、相変わらず後を絶たない来訪者に丁寧に対応した。

経営を任された英弘は、

「最高顧問がやってきたことを、しっかり継承しなければと思います。特に〝目的と手段〟という考え方。きちんと見極めていくのは容易いことではないと思います。いろいろなしがらみもありますし、新しく選択しなきゃいけない局面もあります。ともすると迷うんですよね、時代のトレンドはもしかしたらこっちの道じゃないかとね。でも最近ようやく迷わなくなりました。最高顧問が言い続けてきた〝目的と手段〟は、私にとってバイブルの第一章なんです」と言い切った。

塚越が経営から一歩引いた直後に、トヨタ自動車から取材の依頼があった。トヨタイムズの新連載「『継承者』～創業の原点を考える～（5回連載）」の第1回目（2019．8）として塚越のインタビューを掲載したいとのオファーだった。

豊田章男氏は塚越のことを「私の教科書」と表現している。トヨタイムズ編集部が第1回目に塚越を選んだ理由は、ごく自然な選択だったのだろう。

塚越はそこでも珠玉の言葉を残している。

〝儲けたいからやるという人がいっぱいいる。それは間違いではないが、儲けるよりむしろ世の中のこれがまずいから直そうとか、事故が多いからこうしようとかが先にくるべき〟

〝世界的に経済界から〝しあわせ〟という言葉が消えてしまっている〟

〝どうすべきじゃなくて、どうあるべきか。How to do じゃなくて How to be〟

〝間違った成長のために、何かを犠牲にするような事をしてはいけない〟

〝自分がしあわせになることだけを考えている人は、乳飲み子と同じ〟

〝今は感謝という言葉を忘れている〟

どの言葉も厳しいが特別なことではない。

塚越は「〝正しい生き方〟をもう一度見直してみよう」と呼びかける。みんなでしあわせになるために、それぞれが正しい道を歩んでほしい。塚越の願いはいつもシンプルだ。シンプルだからこそ、そこに一番大切な核がある。


塚越が経営の第一線から退いた翌年の2020年（令和2年）、その後3年続いたコロナ禍が始まった。伊那食品工業は業績に大きな影響は及ばなかったが、ことごとく様々な行事が中止となった。毎年行っている社員旅行も、2020～2022年まで実施することはできなかった。

塚越は三年目の2022年（令和4年）に、「みんな旅行に行けなくて可哀想だ。少し金を出してやったらどうか」と社長の英弘に提案した。英弘は3万円ほど支給すれば、みんなも喜んでくれるだろうと考えた。それを塚越に報告に行くと、「いや5万円出しなさい。旅行代金分、全部出しなさい」と主張した。伊那食品工業は国内旅行の場合、一人5万円を会社負担として支給していた。この時すでに社員は約600人。塚越の一言で、3万円×600人＝1800万円が、5万円×600人＝3000万円に変わった。

英弘は、

「考えてみれば、１２００万円の差額が、長い目で見てどれだけの効果を生むかということなんだと思います。それが10倍にも20倍にもなって返ってくる。最高顧問はそうやって社員のモチベーションを高めて、会社を成長させてきたんだと思います」

塚越は、「人件費は経費ではない。目的そのものだ」と言う。「人件費を上げてやれば、それだけしあわせに近づく」

旅行の費用も、しあわせを実現するという目的のために使うお金に他ならない。だから5万円と主張した塚越の言葉には迷いがなかった。

また、伊那食品工業は〝年功序列〟の給与体系を崩したことがない。日本の企業の多くが年功序列という考え方を捨ててしまった現代において、堂々と胸を張って年功序列の制度を実施し続けている。

塚越は、

「私は成果主義や能力給といった人事制度には疑問を感じています。能力があって成果を上げた社員は満足でしょうが、陰口を言う社員はきっといるはずです。〝あいつの成果は、オレたちがバックアップしてやったからできたことじゃないか〟という妬みが必ず生まれます。確かにそうなんです。一人、あるいはチームの成功は、会社の信用とか、会社が積み上げてきた経営資源とか、そういうものが基盤にあってこそだと思うんです。それを考えず特定の人たちを優遇するのは間違いだと私は思います。人件費が社員全体のしあわせに繋がっていない。まじめに一生懸命働いたものが報いられるべきです。年功という序列に従い給料を増やしてあげる。安心を約束してあげるんです。

成果主義や能力給というのは、必ず数字を追っかけるようになります。すると他人の失敗を喜んだり、一見すると成績の上がらない年長者をバカにする者も現れるでしょう。その年長者が、目立たない縁の下の力持ちになっているケースも多くあるのに。そうなったら、社員みんなでがんばるといった社風なんて生まれません。

それに年功序列のいいところは、社員が40代、50代になって、子どもたちの教育費などにお金が必要になってきた時に、きちんと暮らしが成り立つ制度だと思います。将来への憂いをなくし、安心して働ける制度づくり・環境づくりが、経営者の大切な仕事の一つではないでしょうか」

伊那食品工業には、個人の功績を表彰する制度すらない。

「個人の成功が、一人の力で勝ち取ったものでないとすれば、個人を表彰するのもおかしな話ですよね。ですからウチには社内表彰制度は一切ありません。そのことに不平不満を言うものは誰もいませんよ。個人の表彰をしないから、ウチは社員同士が、仲がいいのかもしれませんね」

鼻先にニンジンをぶら下げて、社員をがんばらせるようなことを塚越は良しとしない。そうした経営の姿勢は、いずれ必ずマイナス要素として会社を衰退させる一因になっていくと塚越は考えてきた。

〝みんなでしあわせになる〟……塚越が言い続けてきたことは、合言葉のように伊那食品工業に浸透している。協力して、助け合って、みんなでしあわせになろうよ！　困った人がいたら手を差し伸べよう、辛い思いをしていたら話を聞こう！

こんな一例がある。

冬場に伊那食品工業近くの道路を走っている車が凍結によって滑り、道路から外れて動けなくなってしまう事故が時々発生する。その情報が会社に入ると、20人ほどの社員が「それ行けー！」と駆けつけ、あっという間に車を脱出させてしまうという。伊那食品工業の社員は、万事そんな具合である。

そんな優しさが、思わぬ不幸を目の前に突きつけられた一人の社員の人生を救った。

第5章

【未来】

～すべては人々のしあわせのために～

ある社員の県議会議員選挙

名古屋支店で営業職に就いていた垣内将邦の父が脳出血で亡くなった。2022年（令和4年）5月のことだった。

垣内の父は長野県県議会議員の職に就いており、地域からの信頼も厚かった。垣内は父の後を継ごうという気持ちもあったが、選挙に出て当選するとも限らず、小学生の子どもが3人もいる状況の中で生活のことを考えると、伊那食品工業を退職して県議会議員を目指す決断は容易にはできなかった。しかし父が築いた地元の人々との信頼関係も無下にはできず、会社をやめて立候補する意思を固めた。

垣内は父の葬儀のお礼も兼ねて、塚越に立候補の報告に行く。塚越は、

「そうか、そういうことだったら、会社も全力で応援する」と力強く言った。

ところが垣内の妻が大反対した。「選挙に出ていいことあるの？ もし落ちたらどうするの？ 子どもたちだってまだ小さいんだし、お金はどうするの？」

妻の正論に押されたが、父の後を継ぎたいという気持ちは、垣内の中で次第に大きくなっていて、家族会議を繰り返すうちに妻も垣内の思いを受け入れる。

「さあ、そうと決まったら、私は病気を治さなくちゃ。選挙を乗り切るためには女房の力が必要だものね」と垣内以上に妻は前向きになった。

妻は脳動脈瘤という重大な疾患を4年前から抱えていた。選挙戦に健康な体で臨みたいと妻は手術を決断する。２０２２年8月に手術が行われた。しかし手術中に何らかの不具合が生じたのだろう、手術が終わっても妻の意識は戻らず昏睡状態に陥ってしまった。垣内は目の前の現実に押しつぶされそうになったが、必死に前を向く。

「そんな状況でしたが、選挙を諦める気持ちにはなれませんでした。妻との約束があったんです。毎晩選挙に出る出ないと言い争っていましたが、一旦出ると決めたからには、二人でとことんがんばろう！って」

年が明けた。妻の容体が急変する。約5ヶ月間がんばった甲斐もなく、妻は1月7日に息を引き取った。

「がんばっていれば奇跡は起こるかもしれないと思い続けていましたが、ダメでした」

それでも現状を放棄することはできない。ずたずたになった垣内を、妻の約束が支えた。

「2人でとことんがんばろう！」

3ヶ月後に迫った選挙に向けて、垣内は心が折れそうになりながらも必死に踏ん張って、選挙戦を再開する。

立て続けに大きな不幸に見舞われた垣内に、塚越も会社も労を惜しまず手を差し伸べた。社長の英弘は、万が一落選してもすぐに仕事に復帰できるよう、垣内の社員としての身分はそのままにした。

塚越は、朝礼で何度も垣内のことを社員にお願いした。

「どうか垣内君を応援してやってほしい！」

社員も自分のことのように悲しみ、惜しみない協力を約束した。

塚越はあらゆるコネクションを使って垣内を連れ歩いた。退任した市長や村長などが中心に集まる親睦会があって、塚越もメンバーだった。そこに垣内を連れていく。集まったみんなに、

「こんな不幸が続く中、それでもがんばっている垣内君を、私は放ってはおけない。お父さんの分も奥さんの分もがんばって欲しいと思うんです。どうかみなさん応援してやってくれませんか」

塚越は長野県の経済界で、その名を知らぬ者がいないほどの重鎮だ。

経営者の知り合いも多く、垣内を連れて数社を訪問し応援を依頼した。数百人集まった集会にも塚越は出向き、「垣内君をどうか頼みます！」と挨拶した。

また、こんなこともあったと垣内は言う。

「私も一軒一軒お願いに上がるのですが、ある家に伺ったとき、〝あなたのこと、知ってます〟って仰るんです。〝私、歯医者の受付をしているんですけど、この間、塚越さんがいらっしゃって、垣内将邦を頼むねって言ってチラシを置いていったんです〟って言うんです。それから、ある大手の洋品店では、私のことを店員さんに言うために、シャツを買ったという話も聞きました。ワイシャツを3枚買って、レジに持っていって店長を呼んでもらったというんです。それで垣内をよろしくお願いしますと」

まさに草の根活動。

伊那食品工業では、正門に面した道路に沿って垣内の大きなポスターを6枚設置した。垣内の選挙区ではないのだが、道路は選挙区の人たちも大勢利用しているため、新人の垣内を認知してもらうには十分効果があった。


塚越はこの時期、垣内の支援に多くの時間を費やした。二人で車で移動することも頻繁にあった。ある日のお昼時、昼食をとる時間がなくなった。そこで塚越が言った。

「コンビニでいいじゃないか、おにぎりでも食おう！」

85歳の経済界でも著名な塚越が、コンビニのおにぎりを車の中で食べている。

「私は申し訳ないなあって、心底思いました。単に感謝という言葉で済ますことは、私にはできません。でもあの時のおにぎりは、最高の思い出です」

塚越は、垣内をまるで我が子のように応援した。そして度々励ますように言葉を贈った。

「オレも大変な人生を歩んできたよ。でもな、がんばっていれば、必ず末広がりに良くなっていくからな。……お前はオレの息子と同じだ。オレにできることは何でもしてやるからな」

垣内は何度も泣いた。

人の優しさに包み込まれたあたたかく尊い涙だった。


2023年（令和5年）4月9日に行われた選挙は、垣内の圧勝だった。

選挙区内で2位に大差をつけてトップ当選。20時に投票が締め切られ、その2分後には当確が出たのだ。

「私はどれだけの恩を最高顧問からいただいたのでしょうかね。一生かかっても返しきれるもんじゃありません。妻も同じように感じてくれていると思います」

垣内は新人の県議会議員として、父親の地盤を継いだ。

「最高顧問からは多くのことを学びました。それを県政に活かしていけたらと思うんです。最高顧問は口癖のように、〝経営の本来あるべき姿〟〝人の本来あるべき生き方〟という言葉を使われますが、政治の世界でもその意味を考えていかなければならないと思います。

〝長野県の本来あるべき姿〟って何だろう、〝政治の本来あるべき姿〟って何だろうと、常に考え続けていくことが、最高顧問のご恩に報いる一つの行動かなと思っています。」

垣内の事務所には妻の祭壇が正面に設けられている。屈託のない笑顔で垣内と3人の子どもたちのしあわせを見守っている。

「伊那食ファミリー」
――すべての社員は家族のような絆で結ばれる助け合いの風土

伊那食品工業にはある相関図がある。

総務の○○の従兄弟があの病院で看護師をやっているとか、工場の○○の親戚に○○病院の院長をやっている人物がいるとか、社員が病気になったとき、できるだけ早くいい条件で医療が受けられるよう、社員のコネクション一覧を作っている。

そのネットワークのお陰で、手術が難しい状態のがんになった社員が、高度な医療を受けることができ、その後社会生活に復帰できたということもあった。

会社は、何か役立ちそうなコネがあったら申告してほしいと全社員に伝え、相関図を定期的に更新している。伊那食品工業には「助け合い」の風土が、当たり前のように浸透しているのである。

創立50周年の頃、社員の家が火事になった。会社から40分くらいの所にあったから、みんなで駆けつけても荷物を運び出せるわけはなく、そこで塚越は社員に命じた。最初に4

人ほど情報収集班として現地に向かわせた。第2班は炊き出し、第3班は生活に困らないものを用意して届けろと。

迅速にかつ的確に行動した伊那食品工業の社員を見て、そこの集落の人たちが、「凄い会社だね」と驚いたという。

それから15年後にまた社員の家が火事になった。以前の経験が活きた。

しかし今度は塚越の指令ではなく、自発的に社員が同じように動いた。焼け出された当事者の女性社員がその時のことを語ってくれた。

「暮れの12月28日でした。火事に気づいた時は、もう一面の火の海で子どもたちを逃がすのが精一杯でした。その時はパニックであまり良く覚えていないんですけど、燃えている最中に、社長（英弘）や社員の人たちが駆けつけてくれていたんです。申し訳ない気持ちとホッとした気持ちでした。社長はすぐに仮住まいとして会社の寮を手配してくれて、行ってみると夜中にもかかわらずみんなが待っていてくれて、部屋も暖めてくれていたんです」

火事の情報はすぐさま社内の一斉メールで、全社員に伝達された。すると、

「翌日からたくさんの段ボール箱が届いたんです。衣類とか、寒かったので使い捨てカイロとか、すぐに使える日用品とか、それから子どもたちが不自由しないようにって、絵本とかおもちゃとか、いっぱいありました。今でも大事に使わせていただいていますが、ラ

ンドセルまで譲っていただいたんです。火事の直後なのに、何不自由なく生活させてもらいました。

家は燃えてしまったので仕方ないんですけど、人の温かさに救われたから、もう前を向いていくしかないと思えたんです。じゃなかったら、こんなに毎日笑っていられなかったと思います」

火事の数日後新しい年が明けた。家も家財道具も思い出もすべてを失った家族に、英弘が豪華なおせち料理を届けた。社員女性は涙がとまらなかったという。もちろん塚越も見舞いに行った。

伊那食品工業には、〝伊那食ファミリー〟という言葉がある。誰が言い出したか定かではないが、まさに家族のような絆ですべての社員が結ばれている。

「朝の掃除」
――経営者たるもの教育者であれ

伊那食品工業の朝は始業前の掃除から始まる。

屋内はもちろんだが、多くの社員が外に出て落ち葉などを集めてガーデンをきれいにするのである。

社員食堂の脇に30㎡ほどの小屋が建っており、その中には落ち葉を吹き飛ばす大型のブロワー、箒、草刈り機、剪定用具、スコップ、ツルハシなどガーデンをきれいにするための用具がすべて揃っている。

社員は始業30分ほど前に出勤し、この小屋を訪れ、自分が使いたい掃除用具を持ち出し、ガーデンに散っていく。ガーデンには赤松を中心に様々な樹木があり、季節によって落ち葉の量は違うが、一日経つと構内の道路や駐車場、木々の根元を埋め尽くす苔の上に葉が落ちる。それをブロワーで吹き飛ばし一ヶ所に集め、小型の路面清掃車のようなもので集めた落ち葉を回収していく。また雑草が生えていればそれを抜く。掃除の持ち場が決まっているわけではなく、その時の状況を見てそれぞれがきれいにしたい場所を決める。

全員が朝掃除に参加しなければならないルールなどは一切ない。毎日必ず社員の何割かは、諸事情で朝掃除には参加していない。そのことを咎める社員は一人もいない。今日参加しても明日参加できないこともある。〝お互い様〟という考え方が社員に浸透している。

社員は、

「朝、こうして自分たちの会社をきれいにしていくのはいいものですよ。気持ちよく仕事を始められます」

「自分たちの家の庭を掃除しているって感じなんですよね」

このような社員の意識は、自然に醸成されたわけではない。

1980年代に塚越は、掃除の効用や大切さを社員に浸透させようとして、一年間朝礼で掃除をテーマに語り続けたという。

「掃除は気づきの訓練だ。汚れているところを自分で探す。気づきこそ基本的な人間の能力の向上に繋がる。あなたたちの成長に繋がるんだよ。気づきは接客にも役立つ。接客の基本は気づきだよ。お客様が困っていないか、どんなことを望んでいるか、それを気づいて差し上げればお客様も喜ぶし、あなたたちも嬉しいはずだ。お客様を大切にしようとか、人のためになろうとか、そうした人として大事なことを、〝気づき〟は育ててくれる。

それからきれいな所には人が集まる。人が集まる会社は発展する。きれいな所では犯罪は起きない」

塚越はなぜ掃除が必要なのかを、社員の腹に落ちるまで、以上のような内容を分かりやすく、いろいろな角度から何度も何度も伝え続けた。

その結果、１年が経過したあたりで社員の掃除に対する意識が変わっていったという。それが社風となって現在まで続いているわけだ。

塚越は掃除を通して、人として大切なことを教えようとした。

「昔は学校で修身という授業がありました。人としてどう生きるべきかを教えていました。最近は学校でも家庭でも、そうした教育をする機会が少なくなってきたように思います。だから当社へ入社した人には、立派な人間になってもらいたいので、いろいろな場面で人間教育をさせてもらっているわけなんです。〝経営者たるもの教育者であれ〟と私は考えています」

教育というものが、その人の人生を司る根幹だと塚越は考える。

「個人的な能力の問題で自暴自棄になる人がいます。自分はダメ人間なんだと思ってしまう。それは教育の責任もありますよ。運動会で、人と競争して優劣をつけるのは傷つく生徒がいるからやらないとかいうのを耳にしますが、走るのが苦手でも、僕は歌が上手いとか絵が得意とか、走ること以外に得意なものが人間には何かあるはずなんです。それを引き出して自信を持たせ、前向きに歩みを進めていける人間を育てるのが教育ではないでしょうか。

私は社員に言っています。自分の人生なんだから好きなように生きていいんだと。だけど一つだけ守らなきゃいけないことがある。それは人様に迷惑をかけないこと。もし余裕があったら何かの役に立ちなさいと」

伊那食品工業の朝掃除では、目を疑うような光景を目の当たりにする。落ち葉を片付けている社員の脇で、本格的な高所作業車のアームを20メートル以上伸ばして、松の枝の剪定をしている社員の姿がある。高所作業車を操作するため自ら会社に願い出て講習を受けたという。

外部の人間が見たら、誰もが業者に依頼して剪定してもらっているとしか思えない。

「業務とは違う経験をすると、人としての幅が広がっていいものですよ」と社員は楽しそうに言う。

また休日の朝も、30~40人ほどの社員が掃除用具小屋に集まってきて、誰かが掛け声を掛けるわけでもなく、日課のようにガーデンの掃除を始める。レストランや美術館などは休日でもオープンしているので、ガーデンをきれいにしておくことは必要なのだが、特に会社から言われたわけではなく、自然と社員たちが集まるようになった。子どもたちを連れて家族で来る社員もいる。

「庭掃除に行くかって言うと、子どもたちが、行きたい！　って言うんです」

「日曜日だから、時間をかけて掃除ができるんです」

「私達のために会社は良くしてくれるんで、その恩返しのつもりで来ています」

「産休と育休で会社に迷惑をかけて、復帰した今も時短で働かせてもらっているので、何か仕事以外で役に立つことはないかと思って、２歳の娘と楽しみながらやらせてもらっています」

教育によって、人は自らの道をみつけ、それぞれの思いで歩んでいくことができる。

塚越が貫いた教育の大切さは、伊那食品工業の社員が証明している。

「造り酒屋を救う」
――地域の人のしあわせを考えて

伊那市から車で45分ほど走ったところに中川村という地域がある。中川村はNPO法人「日本で最も美しい村連合」に加盟しており懐かしい田園風景が広がっている。そこに創業100年を超える造り酒屋がある。〝今錦〟という銘柄で長年地域の人々に親しまれてきたが、後継者問題などで経営を継続させるのが困難になった。屋号は米澤酒造。

その関係者が塚越に支援を要請した。造り酒屋を再建するには相応の投資額が必要になってくる。

塚越はしばらく考えてみた。

「気の毒だと思ったんですよ。経営は高齢者二人がやっていて、このまま倒産したらその人たちが路頭に迷うなって。まあ資金面では何とかなるなと思って、引き受けたんです」

伊那食品工業は米澤酒造を、社名も銘柄も従業員も現状のままで子会社化し、経営を引き継ぐことにした。

「造り酒屋は村の大切な文化なんです。村だけじゃなくて日本の文化なんです。単なるビ

新しく生まれ変わった米澤酒造株式会社

ジネスではなくて、古い文化や伝統を守っていくことも、企業は取り組んでいく必要があるのだと思いますよ」

米澤酒造は設備も老朽化していた。２０１４年（平成26年）に経営を引き継ぎ、２年かけて建物から醸造設備まですべて新しくした。

塚越は日本人がそれぞれの土地で培ってきた、文化への思いが人一倍強い。社内報にその思いを綴った。

『（一部抜粋）実状を知らない政治家が、景気を良くするためには規制改革だと称し、やたらと新規参入ができる販売制度に変更し、業界をだめにしただけではなく、文化的な村の営みまでだめにしつつあるのが、酒販の自由化でした。規則に守られて、商売が安穏としていた人々がスーパーでも酒が売られるようになったことで、以前のように利益を確保する売り方をどうすれば再構築出来るか、全く手を打てないというのが、日本中の小さな造り酒屋の現状です。当社が寒天という古い体質の業界で生き残ってきた手法が、この酒の業界でも生かせるという自信を私は持っています。単純に売り上げを伸ばすのではなく、こだわりを持ったいい原料、いい製法でいいお酒をつくり、ていねいに売っていくことが大切で、そのために、お互いが人間的に成長し、素直に自分たちの努力や想いをわかっていただく広報活動をいろいろな方法でやるべきです。一企業の成功が、単にそこで働く人のためだけでなく、さらには地域のみなさんのしあわせにつながるような努力をすることで、必ず報いられると確信します』

原料の一部は地元の棚田から調達する。この棚田も元々耕作していた地元の農家から伊那食品工業が引き継いだ。中央アルプスを望む11枚の棚田は日本の原風景として文化的価値は小さくない。

塚越は「棚田は美しい村にとって大事な資源」であると強調する。

棚田から収穫する米を酒の原料として使い続けることで、日本の美しい景観も遺る。田植えと稲刈りには、伊那食品工業の社員も地元の農家の人たちとともに汗を流す。

「経営の目的は、社員だけではなく、その会社に関わってくれるすべての人々、そして地域にもしあわせをもたらすものでなければいけない」と塚越は言い続けてきた。米澤酒造の子会社化も、塚越の理念が投影された一例だ。

地域への貢献は、２０１６年（平成28年）にも形になった。

伊那食品工業本社の前を通る広域農道を車で5分ほど行き、山側に少し入ったところに一つの集落がある。その集落から広域農道に車ですぐに出られる道がなく、集落の人たちは相当迂回して広域農道に出ていた。その不便さを、塚越は集落の人たちから聞いていた。

集落の近所には、広域農道に面した伊那食品工業の原料倉庫があった。その脇に狭い道があり、そこを通れば集落からは便利に広域農道に出られるのだが、道幅が狭いので通行しづらく信号もなかったので、利用する人はほとんどいなかった。

そこで塚越は県と市に掛け合い、道路の拡張と信号機の設置を願い出た。狭い道は原料倉庫の敷地と隣接していたので、８メートル道路をつくるために倉庫の土地を削って舗装を施した。広域農道に出る箇所には信号機を設置した。伊那食品工業はこの工事の協力金として２０００万円を支出した。

「集落の人は今便利にその道路を使ってくれています。企業は地元を大切にしなきゃダメだと思いますよ。地元を敵に回したら、そこから悪評が広がっていくんじゃないでしょうか。会社のファンが少なくなり、やがて会社は衰退していく。そして倒産。絶対にやっちゃいけないですよ。だからそうならないように、経営者はいろいろと考え、できる範囲で行動していくことが大切なんじゃないでしょうか」

米澤酒造子会社化も道路拡張も、困っている人がいてそこを素通りできない塚越の心情から始まっている。地域貢献というのは結果がそうなっているだけで、最初から地域貢献を目的に始めたわけではなかった。

塚越がこれまで行ってきた多くのことが、〝そこを素通りできない、喜んでいる人の顔が見たい、みんなをしあわせにしてあげたい〟そんな心の底から湧き上がる素朴な人への思いやり、優しさから発せられたものだった。

「しあわせになるんだよ！　ならなきゃダメなんだよ！」

２０２２年の秋、塚越は妻とともにある人の運転で、東日本大震災の犠牲者の供養にと彫られた仏像を礼拝する目的で宮城県気仙沼に向かっていた。

運転している人は、役者の滝田栄さん。滝田さんは現在仏師として人生を送っている。気仙沼に奉納した仏像も滝田さんの手によるものである。

塚越と滝田さんは共通の知人を介して知り合った。滝田さんは知人から「経営者なんだけど、信じられないくらい素晴らしい人がいるのでぜひ会ってください」と話しかけられた。

塚越はその知人から「役者の滝田栄さんは、今本格的に仏像を彫っている。それは素晴らしい仏像で一度拝見しに行きましょうよ」と誘われていた。

塚越は有名な役者が仏像を彫っていることに興味が湧き、知人抜きで、妻と一緒に突然、八ヶ岳の麓にある滝田さんの自宅を訪ねた。

「仏像を見せていただけませんか」と。

滝田さんは、経営者というのは、お金のためなら何でもやってしまうような人が多いと感じていて、経営者という人間をあまり好意的に見ていなかった。塚越にも警戒心を抱きながら対応した。この時の様子を滝田さんが語ってくれた。

「お会いして話を交わすうちに、非常に共鳴するものを感じたんです。〝この人は凄い、素晴らしい〟話を伺えば伺うほど深い考えをお持ちの方に出会ったような思いでした。

大企業は自分たちの都合でリストラして、社員たちを路頭に迷わせるようなことを平気でやる。もちろんきちんと経営をされている方もいらっしゃいますが、人として恥ずかしくないのかと思っていたんです。塚越さんに対しても半信半疑でした。ところがはっきりと仰ったんです。〝会社っていうのは、働く人がしあわせになるためにあるんです〟と。〝ええ⁉〟って僕は心底びっくりしました。経営者の方でも、そんなふうに本気で考えている人がいるんだってね」

滝田さんは、文学座の養成所を経て劇団四季に入団、数々の役で活躍する。

その後劇団四季を退団、1983年のNHK大河ドラマ「徳川家康」の主役家康役に抜擢され、知名度は一気に全国区になった。帝国劇場で上演された「レ・ミゼラブル」では主役のジャン・ヴァルジャンを14年間熱演する。「レ・ミゼラブル」公演中の1992年に母と死別、その供養にと仏師に学んで1994年に初めて観音菩薩像を彫った。それを契機に仏教との関わりを次第に深めていく。「レ・ミゼラブル」公演終了の翌日、〝お釈迦様を一生かけて学んでみよう〟とインドへ旅立ち、約2年間ジャングルの中で極限の修行をする。

帰国した滝田さんは、仏像を彫ることに集中する。そして「人が生きるとは、しあわせに生きるとは」の意味を、仏像を彫ることを通して問い続けている。

滝田さんはお釈迦様の言葉を聞かせてくれた。

「お釈迦様に弟子が聞いたんです。〝しあわせって何ですか〟。お釈迦様は〝健康であることです。心身ともに健康であること。これ以上のしあわせはありません〟と答えました」

まさに塚越が創業当時から言い続けてきた〝社員の健康が一番〟という思いと一致する。

「次に弟子が、〝では人にとって宝って何ですか〟って聞くと、お釈迦様は〝足るを知ることです〟と答えました。ヒマラヤの山を全部黄金にして自分のものになったとしても欲望は止まらない、もっと欲しくなるのが人間だということです。塚越さんは〝人がしあわせにならなかったら、会社を大きくしてもお金をたくさん手に入れても意味がないでしょう〟とハッキリ仰るんです」

足るを知る。まさに年輪経営ではないだろうか。

「会社の成長は少しずつでいい。儲けた分は社員への福利厚生に回そう。みんながしあわせになるために金を使おう」と塚越は言い続けている。

そんな塚越を見て滝田さんは、

「綺麗ごとだけ言う人はたくさんいます。でも塚越さんは実際にやっている。言ったことは実行して、社員をしあわせにしています。僕は、仏様のような人がほんとにいるんだと感じています。塚越さんを目の前にしていると、生きた菩薩にお会いしているような感覚になります。

菩薩は数多の苦しみを取り除いて衆生を救うといいます。抜苦与楽。塚越さんがこれまでやってこられたことは、菩薩の行いそのものではないでしょうか」

塚越はあまり宗教的な言葉を使わない。どこの宗派にも属していない。

しかし唯一といっていいかもしれないが、戒めのように心に落としている言葉がある。伝教大師最澄《でんぎょうだいしさいちょう》（※日本の天台宗の開祖）の言葉にある〝己を忘れて他《た》を利《り》するは慈悲の極みなり──「忘己利他《もうこりた》」〟という教え。これこそ、〝世の中の人すべてがしあわせになる道しるべとして、大切な教えではないだろうか〟と塚越は考えている。

「自分のことは少しだけ我慢して、人が喜ぶことをやろうよ。みんながそう考えれば、世の中から争いはなくなり、みんながしあわせに暮らせる」

忘己利他を完全に実行するのは聖人でない限り難しいことだろうが、そこを目指して努力することはできるはず。それが正しい人の道ではないか。塚越は己を律するとともに、忘己利他の大切さを社員にも伝え、導いてきた。

滝田さんは、

「お釈迦様は、どうしたら本当の安心、本当のしあわせを手に入れられるかっていうことを考え抜いたわけです。塚越さんもまさにそうじゃないですか。〝人生の目的はしあわせを実現することだ。それに向かってまっしぐらに走っていけばいいんだ〟って、社員全員に檄を飛ばしてるわけじゃないですか。〝しあわせになるんだよ！　ならなきゃダメなんだよ！〟って。……あんな人、いないですよ！」

掘っ立て小屋の工場に塚越がやってきてから、65年の歳月が流れた。

「どん底からどうやって抜け出そう。劣悪な職場をどうやって変えていこう。さぞ冷たかろう、さぞ体が辛かろう、ちょっとでも楽しみを作ってやろう、みんなでがんばってもっといい暮らしをしよう。みんなでしあわせになろう。周りの人たちもしあわせになれる会社にしよう」

夢と理想を目標に行動し、しあわせの種を蒔き続けてきた。

苦しい時もまず社員のしあわせを優先した。余裕ができてからは、さらにその優先度を高めていった。

「みんなで理想郷をつくろうよ！」と社員に呼びかけた。社員はそれに応えた。やさしさを求めて人が集まるようになり、会社はさらに活気づいていった。

そして赤松林は、何十年もかけ、しあわせが育つ豊かな理想郷となった。

この理想郷で大勢の人たちがしあわせを手にし続けている。

いい会社をつくりましょう。たくましく そして やさしく

塚越が経営の第一線から退いて4年が経過した。

毎日のように出社はしているものの、経営判断に関わることは徐々に少なくなってきた。

もちろん塚越が築いてきた基本理念は揺るぎないものだが、これまで塚越色一色に塗られていた社内も、少しずつだが現・社長色をどことなく感じる部分も表れてきている。

太くしっかり根を張った理念のもとで、社員たちは新しくなった体制と向き合おうとしている。

塚越は、すでに紹介した『二十一世紀のあるべき経営者の心得』の第2項で、「変化し得る者だけが生き残れるという自然界の法則は、企業経営にも通じることを知り、総てにバランスをとりながら常に変革すること」と言っている。

社長はじめ社員たちは、家族と同じような絆で結ばれながら、これから先の伊那食品工業をそれぞれの立ち位置で模索する。

部署や役割が違っていても、伊那食品工業の社員には共通した感覚がある。

それは「会社はもう一つの家」というもの。だから「もっと暮らしやすい家にしたい」そのために「がんばる。がんばってこの家を守る」、……実にシンプルな思考だ。シンプルゆえに根太く力強い。こうした思いが、激しく変動する時代にも、逞しく適応していくことを可能にしているのだろう。

社長が言った。「うちはいい意味での金太郎飴なんですよ」と。

どこを切っても同じ顔が現れるように、誰もが同じ方向を向いている。その目線の先には、華やかではないかもしれないが、不安や不満を抱えず穏やかな日々をまっとうできる人生が見えている。

塚越は力を込めて、

「お金持ちにならなくても出世しなくても、人に迷惑をかけず、平凡だけど自分がしあわせだと思える人生を歩んでいけたらそれでいいじゃないですか。立派な生き方じゃないですか。一度きりの人生です。人はしあわせになる権利があるんです」

塚越はしあわせの形を考えた。

「しあわせってどんな形なんだろうとずっと考えていました。人それぞれの価値観が違うから絶対的な形なんて存在しない。でも、ある程度物質的に不自由がないということ、もちろん健康でなきゃいけない。夢や楽しみも大事ですよね。そうしたことが〝末広がりに少しずつ広がっていく〟状態、それが〝しあわせの形〟だと思ったんです。しあわせの形になるような状態をつくること、それが経営者の役割なんだと肝に銘じ、ずっとやってきたわけです」

年輪も末広がり、決して減退することはない。年輪経営という理念を掲げ、人々のしあわせを願って塚越は歩んできた。平坦な道ではなかった。しかし後ろに続く社員を常に振り返り、「体調は大丈夫か、生活は大丈夫か、心配事はないか」と気を配り声を掛け、一緒に目的地に向かって歩んできた。

伊那食品工業の社是は社員にこう呼びかける。

「いい会社をつくりましょう。たくましく そして やさしく」

しあわせなるためには逞しさ（厳しさ）も必要だろう。だが何よりも、人はやさしくなければいけない。やさしさの延長にしあわせがある。奥深いやさしさが塚越の心に宿っている。幼いころの貧乏と青年期の死と隣り合わせだった病が、塚越のやさしさを育んだ。そしてすべての考えと行動の基軸となった。

エピローグ

【永遠】

～いつまでも「まず社員のしあわせ」を考える会社であってほしい～

伊那市は東京などと比べて秋が早い。伊那食品工業の標高は約750メートル、紅葉は11月上旬に見ごろを迎える。

伊那食品工業のガーデンには赤松の他に、もみじや銀杏などの色づく木々が点在する。中央アルプスから吹き降ろす風も紅葉が見ごろを迎える頃から強まり、落ち葉が常にガーデンを舞うようになる。朝、社員が出勤する際、一晩で降り積もった落ち葉を踏みながら駐車場へ向かう日も珍しくなくなるのである。

朝の掃除もこの時期が最も大変になる。それでも不平を言う社員はいない。自分が決めた場所で黙々と落ち葉を集めていく。時間になると本社社屋前に集合してラジオ体操、朝礼と、何十年も繰り返されてきた始業前のルーティンが行われ、伊那食品工業の一日が始まっていく。

9時を過ぎると近隣の人たちが、ガーデン内に設けられた水汲み場に集まってくる。中央アルプスの雪解け水が浸透した地下水を誰でも自由に汲めるよう、地下150メートルまで井戸を掘った。日が暮れるまで水汲みに訪れる人の姿は絶えたことがない。

紅葉の時期はここを訪れる人の数も増える。紅葉を見て、蕎麦を食べ、かんてん製品をお土産に買っていく。

昼時、レストランさつき亭に塚越の姿があった。紅葉が見渡せるテラス席で、東京から訪れた客と食事をしていた。そこに申し訳なさそうに割り込んできた、50代半ばの女性がいた。

「あのー、塚越会長さんでいらっしゃいますか？」

振り向いた塚越は笑顔で女性に、

「はい、塚越ですが」

「お食事中大変失礼かと思いましたが、もしやこちらの会社の会長さんかと思いまして、お声かけさせていただきました」

「そうですか」

塚越はさっと立ち上がって、笑顔を絶やさず丁寧に女性に対応した。

「会長さんのご本の『年輪経営』を読ませていただいて大変感動しまして、一度こちらにお伺いさせていただきたいと常々思っていたのですが、今日はそれが実現しました」

「そうですか、それはありがとうございます」

「今日は福島から5時間かけて夫とまいりました」

「それはそれは、遠くからありがとうございます！」

1～2分のわずかな時間だったが、訪問してくれたことへの感謝の気持ちと嬉しさが、塚越の笑顔に溢れていた。

分かれ際にさっと名刺入れから名刺を取り出し、女性に渡した。

「どうぞ、今日の記念に。今は会長職ではありませんが」

「わー、ありがとうございます！」

女性は感激して拝むように名刺を受け取った。


女性が去ってから塚越は接客をしている社員を呼んだ。

「今、屋内の席に戻っていった女性に、そうだな、あんみつがいいか。2つ差し上げて。中に日那さんと一緒にいるらしいから」

社員もニコッと口元をほころばせ、

「はい、かしこまりました」

「わざわざ福島から来てくれたんだそうだよ。有難いねえ、ああいう人たちに支えられてるんだよ、うちは」

塚越は社員にしみじみと言った。

塚越が赤松林の開発に着手してから35年が経過した。当時モヤシのように細かった赤松もどっしりと幹を太くして一人前の大人になったかのようだ。

塚越は一緒に食事をしていた客に言った。

「あと50年もしたら、もっと立派な赤松になりますよ。その頃私はいないけれど、ここは京都のお寺の庭のようになっていますよ、きっと。……さて、この会社はどんな姿になっているることか。その時も、社員のしあわせをまず考える会社であってくれればいいですね」

紅葉の木々の間から秋の陽光が差し込んでいる。その澄み切った光が塚越の横顔を照らしていた。

赤松林は今年も秋から冬の装いに変わり、数ヶ月後にはまた春の芽生えを迎えて新緑の季節に移っていくだろう。

プロフィール

塚越寛（つかこし・ひろし）

伊那食品工業株式会社 最高顧問
1937年長野県駒ケ根市生まれ。

長野県立伊那北高等学校在学中の17歳のときに肺結核に罹患。3年間の闘病生活を送る。

地元の製材会社への就職を経て、21歳のときに子会社である伊那化学寒天（現・伊那食品工業株式会社）に社長代行として出向。その後、社長・会長を経て現職。

さまざまな困難を従業員と力を合わせて乗り越え、地方の一零細企業を寒天のトップメーカーならびに日本有数の「いい会社」として育てあげた。

経営哲学「年輪経営」は経済界に多大な影響を与え続け、国内外規模を問わず「師」と仰ぐ経営者が少なくない。

また、自社の発展のみならず、地元の発展にも注力。本社のある「かんてんぱぱガーデン」には、四季を問わず多くの人が訪れ、楽しめるスポットとなっている。

なお、長野県では一般向け主力商品の「かんてんぱぱシリーズ」が幼いときから身近にあり、親しみを感じるブランドとして浸透している。

受賞歴

1995年　科学技術庁長官賞（科学技術振興功績者表彰）
1996年　農林水産大臣賞（リサイクル推進協議会）
1996年　黄綬褒章
2002年　優秀経営者顕彰「最優秀経営者賞」（日刊工業新聞社）
2007年　グッドカンパニー大賞グランプリ
（公益社団法人 中小企業研究センター）
2011年　旭日小綬章
2018年　渋沢栄一賞（埼玉県）

●伊那食品工業株式会社
〒399-4498　長野県伊那市西春近5074
TEL：0265-78-1121（代）　FAX：0265-78-3966
https://www.kantenpp.co.jp

●かんてんぱぱガーデン
https://www.kantenpp.co.jp/garden/

※本書は伊那食品工業株式会社 最高顧問・塚越寛氏について、
ご本人ならびに周りの方々へのインタビューをもとに、
著者が評伝としてまとめたものです。
尚、とくに記述がない限り、
本書の内容は２０２４年７月時点でのものとなります。

著者紹介

斉藤仁（さいとう・じん）

映像プロデューサー、ディレクター
人を大切にする経営学会会員。

昭和31年（1956年）、群馬県伊勢崎市生まれ。

20歳で映画スタッフを志し単身京都へ。幸運にも東映京都撮影所の録音部に職を得、『水戸黄門』などの時代劇制作に従事する。

その後帰京し映画監督新藤兼人氏に師事、脚本の指導を受ける。

25歳よりドキュメンタリーや企業ビデオなどの制作に携わり、47歳で映像制作会社有限会社ジングを起業。

59歳のときに塚越寛氏の講演を聴き感銘を受け、日本でいちばん大切にしたい会社 DVDブックシリーズとして、『現場探訪編 伊那食品工業の年輪経営』『経営者インタビュー編 伊那食品工業株式会社 塚越寛会長 経営と人生を語る』（当時）を自主制作し、あさ出版から販売。

なお、DVDブックシリーズはライフワークとして、素晴らしい経営をされている他社も取材し、制作を継続中。

評伝《ひょうでん》 伊《い》那《な》食品工業株式会社《しょくひんこうぎょうかぶしきがいしゃ》 塚越寛《つかこしひろし》
会社《かいしゃ》はどうあるべきか。人《ひと》はどう生《い》きるべきか。 〈検印省略〉

2024年 10 月 3 日 第 1 刷発行
2024年 11 月 26 日 第 2 刷発行

著 者――斉藤 仁（さいとう・じん）
発行者――田賀井 弘毅

発行所――株式会社あさ出版
〒171-0022 東京都豊島区南池袋 2-9-9 第一池袋ホワイトビル 6F
電 話 03 (3983) 3225 (販売)
03 (3983) 3227 (編集)
F A X 03 (3983) 3226
U R L http://www.asa21.com/
E-mail info@asa21.com
印刷・製本 萩原印刷 (株)

note http://note.com/asapublishing/
facebook http://www.facebook.com/asapublishing
X http://twitter.com/asapublishing

ISBN978-4-86667-707-1 C2034